だいわ文庫

一流のお客様に学んだ気づかい

大人女子の小さなマナー帖

横田真由子

大和書房

はじめに
マナーはあなたの最上のドレス

この本を手に取っていただき、ありがとうございます。

私は、「ミニマムリッチ®コンサルタント」として、最小限の豊かさや上質な暮らしをテーマに執筆活動や講演を行ってきました。

日々の暮らしの中で豊かさや質を高めるためには、「余白」や「ゆとり」が何よりも大事だと感じています。余白やゆとりがないと、自分にも人にも優しくなれないからです。

あなたは、今、心の中に、少しの「余白」や「ゆとり」というスペースはありますか？

誰もが忙しい毎日を過ごす中で、どうしてもイライラしてしまうときがあります。

「スーパーマーケットのレジに並んだら、自分の並んだ列だけが前に進まない」

「新幹線の座席で、前に座った人が急に大きく背もたれを倒した」

「ひとりでゆっくりしたくて入ったカフェで、隣にいるグループが大声で話し始めた」

こんなときに、どう振る舞えるかで、素敵な人でいられるかどうかが試されるような気がします（8ページに、〈あなたの振る舞い力チェックリスト〉があります。自分の振る舞いを客観的に見ることは難しいので、ぜひとも、試してみてくださいね）。

私は、ハイブランドの販売員として、ＶＩＰと呼ばれる素敵なお客様たちと接してきました。

「素敵な人ね」と言われる人には、共通点がありました。

何気ない言葉やちょっとした所作、立ち居振る舞いに、その人の「素」が垣間見え、その「素」があたたかく、そしてゆとりが感じられるのです。

素敵とは、「素に敵わないこと」と書き、【「素」には勝負しても勝てる見込みがほとんどない】という意味にも解釈できます。

年齢を重ねるにつれ、この「素」の差が、あらゆる場面で顔を出し、人生を大きく左右するのではないかと考えるようになりました。

いい大人になった今だからこそ、もう一度、身だしなみや所作、立ち居振る舞いや言葉遣いといったマナーを見直し、基本に立ち返ってみたいと思ったのです。

マナーは、あなたの「最上のドレス」になります。

このドレスは、就活や婚活など人生を左右する場面で着用していると、大きなアドバンテージになります。

そして、このドレスが、いつまでも色褪せないようメンテナンスするには、「思いやり」が必要です。

なぜなら、このドレスは、「正しい」「正しくない」という人を裁くような粗悪なものではなく、人への気づかいや思いやりに満ちた、しなやかで上質なものだからです。

そのためには、まず、心にゆとりというスペースができるよう、整えていきます。マナーは、そんな心を形にして伝えるものだからです。

本書は、日常のあらゆる場面での「思いやりの小さなマナー」をまとめました。

職場やプライベートの場、近所から旅先まで、どんなシーンでも、この「思いやりの小さなマナー」で自信を持った振る舞いができるよう、私の失敗談を含め、たくさんのお客様から学んだ事例を集めました。
最上の素敵なドレスを身にまとって、街に出かけませんか。きっと素敵な出会いが待っています。

横田真由子

あなたの振る舞い力チェックリスト

□1.電車やお店の中、友人とのおしゃべりでは声のボリュームに気をつけている。
↓ひとりのときは、物静かで周りが見えている人も、友人といるときは、どうしても周りが見えなくなるものです。公私の区別は、常に意識したいですね。

□2.エレベーターに乗るとき、降りるとき、「どうぞ、お先に」と、譲ることが多い。
↓疲れていたり、余裕がないとき、誰もが自分ファーストの行動をとってしまいがちです。「どうぞ」と先を譲るひと言を習慣にすることで、表情も変わっていきます。

□3.バスやタクシーの運転手さんに「ありがとう」。宅配便の配達員さんに「お疲れさまです」「お世話様です」と、ひと声かけている。
↓余裕のあるときは、相手のことをねぎらうことができます。あなたのひと言で、自分も相手もハッピーになれます。素敵な人は、いつも周囲をハッピーにします。

□4.バッグの中に飴の包み紙やレシートを入れたままにしない。化粧ポーチやハンカチは美しいものを持つ。

↓バッグの中身や状態は、あなたの心の中身や状態を表しています。バッグは運を運ぶキーアイテム。素敵な人は、バッグの中身を整えてよい運を運んでいます。

□5.通勤時、エスカレーターは走らない。閉じようとしている扉の電車に飛び乗らない。我先にと、席に座らない。

↓時間に余裕がないと、焦ったり、他者への配慮ができなかったりします。時間の余裕は心の余裕。エレガントな人は、常に余裕を持って行動します。

□6.化粧室や食事の後はきれいにしてから立ち去る。

↓「立つ鳥、跡を濁さず」と言いますが、「素敵な人、後を濁さず」です。後で使う人、かたづけてくれる人が気持ちよいかを考えて行動します。そこを立ち去る前に、振り返ってみましょう。

□7.食器は音を立てずに置く。ドアはゆっくり閉める。椅子を引くときも静かに引いている。

↓元気なことはいいことですが、がさつとは違います。音は最小限にするよう、意識して振る舞うことで、エレガントな所作になるのです。

□8.お土産やギフトのお礼はすぐに伝える。

↓お礼は「早さ」が最も肝心です。メールや電話で到着したことをすぐに報告することも大事ですが、素敵な人は感謝の気持ちを書いたお礼状を書く習慣があるので印象に残ります。

チェックの数が少なくても気にせずに！　少しの余裕があればすぐにできそうなことから始めてみませんか？

CONTENTS

PART 1
自信を持って人に会える身だしなみ

PART 2 きちんとした人に見える 言葉遣い

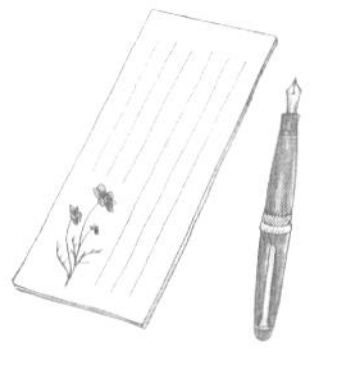

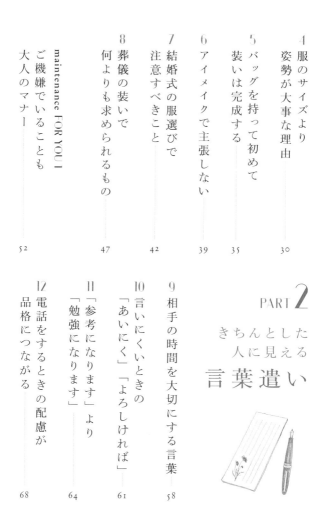

PART 3

あなたの印象を美しくする持ち物

PART 4

場に調和する 振る舞いかた

PART 5 信頼される人になる気づかい

自信を持って
人に会える

身だしなみ

PART 1

主張しないのに優雅、それが大人の品

私がハイブランドの販売員時代に出会った素敵なお客様は、品性を感じる方々でした。

品性とは、「人柄」「人格」といった意味があるそうです。内面的な「性格」を示す言葉なのです。「品」は「それに備わっている値打ち」、「性」は「生まれつき持っている心のはたらき」を意味し、道徳面から見た、個人が備えている性質を表すのだと知りました。

皆、お人柄がよく、あたたかで、思いやりがありました。イライラしたところを見たことがありませんし、人の悪口や噂話をすることもありませんでした。

毎日、ちょっとしたことでイライラしたり、うまくいかないことを人のせいにしている自分と比べては、「人としての格が違うのだ」「どうしたら、あんな風になれるのだろう」と思っていました。

日々、接客する中で、「中身を変えるには、まずは形を真似ることからかもしれない」と思い、お客様の持ち物を拝見することにしました。

バッグや靴は、主張の強くない、控えめなものでした。いつ、どんな場面でも恥ずかしくないもの、どんな人と会うことになっても、その場にすっと溶け込むもの、相手に合わせられる格のものを好むことは共通で、堅実な選択をなさいます。

派手すぎず、大きすぎず、チープすぎず、よく見ると上質で手入れもされている。

バッグも靴も洋服の延長と考え、トータルで見たとき、バッグと靴だけが目立つことなく、馴染むことを大事にしていらっしゃいました。

カジュアルにファッションを楽しんだり、トレンドアイテムをアクセントにするコーディネイトは別ですが、大人の品性が必要な場面では、「清潔感」「控えめ」「調和」という、道徳的なマナーに乗っ取った選択が必要かもしれません。

品性を保つには、「バッグも心も汚れたら手入れをする」「これみよがしに、でしゃばらない」「一歩引いて客観的に見る」ことです。

控えめでも目立たなくても、本当に上質なものは、持っている人の存在自体を上質なオーラで包んでくれるのです。

POINT

一流のお客様に学んだ気づかいポイント

「控えめ」が相手を立てることにつながる

2
manners

大人の美しさは「きちんと見える」こと

自分を美しく見せてくれるスタイルを知っていると、洋服を買うときも迷うことがありません。モノも増えないし、人と比べることもない。ムダな時間やエネルギーも使わず、快適に過ごせます。

若いときなら、美脚の人はミニスカートなど、自分のチャームポイントを引き立たせてくれるアイテムが美しく見えると思いますが、大人が「美しく見える」とは、「きちんと見える」ということだと思います。

きちんと見えるためには、素材・色・サイズが大事です。

まずは、軽くて柔らかく、シワになりにくく、動きやすい。そんな素材を選びます。素材が上質だと表情も柔らかくなるからです。私は、仕事着はストレッチウールなど、伸縮性のある丈夫なものを選びます。動きやすく肩もこらず、シワにもならないので、ストレスを感じません。

次に、色はベーシックな色を基本とします。自分の肌を美しく見せてくれるネイビー、シルバーグレイ、ピンクベージュと、好きな色、似合う色は決まっているので定番化すると、ハズしたと思う日がなく、いつも通りのスタンダードな自分でいられます。

色と色の組み合わせを迷うことなく、どのアイテムともコーディネイトできますから、色は冒険をしません。

そして、最後に、やはり美しく見せるために、「サイズ」にはこだわります。デザインやシルエットにもよりますが基本は、タイトスカートの丈は、膝下５㎝。フレアパンツの丈は、７㎝ヒールを履くときの股下を75・5㎝と決めています。

これは、ハイブランドショップに来店されていたお洒落なお客様のサイズへのこだわりに、刺激を受けたことがあるからです。

そのお客様が選んだ商品は、ジップパーカーとスエットパンツの上下のセットアップでした。試着室から出てこられたお客様は、スエットパンツの丈、5㎜の差にこだわられ、私は、何度もパンツの裾を上げるピン打ちを繰り返しました。

もちろん、散歩にも着ていけるようなスタイリッシュなスエットですが、この5㎜の美意識に、びっくりしたことを覚えています。

たとえスエットでも、自分が美しく見えるパンツ丈にこだわり、靴を履いた状態で、何度も全体のバランスを確かめていました。

お洒落な人は、ちょっとした長さ、サイズの違いで、全体のイメージが変わることを知っているのです。

自分の体型に合わせたサイズを知りつくすことは、美しくエレガントな人のお洒落のスタンダードかもしれません。
「きちんと見えて、自分も心地よい」、そんなスタンダードを見つけた人が、「スタイルのある素敵な人」と言われるのかもしれません。

POINT

一流のお客様に学んだ気づかいポイント

自分を知り尽くした装いは相手に安心感を与える

スーツ選びは量より質

3
manners

「スーツは何着必要ですか？」

「どんなスーツを買えばいいですか？」

これらは、初めて仕事をする新入社員の方や久しぶりに職場に復帰するワーキングマザーから、セミナーでよく聞かれる質問です。

その際は、「シンプルで質のよい、ベーシックなものが3着あればOKです」とお答えしています。3着である理由は、2着ではクリーニングに出したり、ローテーション的に清潔感を保てない恐れもありますので、そうお答えしています。

また、スーツを仕事における勝負服と考えるなら、量より質です。バリエーションの多さは必要ありません。生地がペラペラのもの、仕立ての悪いもの、ボタンなどの付属品がチープなものではモチベーションが上がらず、自分に勝てる気がしません。

まず、生地は触るのではなく握って確かめます。手のひらに弾力を感じられるものが長持ちします。そして仕立ての悪いものは、スタイルが悪く見えてしまいます。試着したとき、体に吸い付いてくるような感覚のあるものは、仕立てのよい証拠です。そして、ボタンなどの付属品は、スーツの格を決めますので、どんなに気に入っても、ボタンがチープなら諦めて正解です。

私は、メンズショップ勤務時代に、たくさんの上質なスーツを見てきました。実際に着ることができないので、とにかく見て、見て、とことん見てきましたが、ポイントは襟です。襟の内側に上質な生地でできた芯があると、顔つきをワンランクアップさせてくれます。

実際に見なくてもＴＶ画面を通してでもいいのです。「格好いいな」と感じるスーツを着ている人の上半身が画面にアップで映ったときの襟をよく見てみると、その違いがだんだんとわかってくると思います。

上質なものは、作り手の一流の思いが込められています。その作り手のエネルギーが、いい仕事をしたいと前を向くあなたの背中を押してくれるはずです。

時間をかけて信頼のできるスーツを選ぶことができてはじめて、大人になれるような気がします。

POINT

一流のお客様に学んだ気づかいポイント

上質なスーツで相手への敬意を示す

服のサイズより姿勢が大事な理由

信号待ちをしていたとき、店のウィンドーに映った姿を見て、「これ、誰？」と思ったことがあります。ふいに撮られた写真を見て、「おばさんだわ……」と自分の姿にショックを受け、ガッカリした気分になったこともあります。

とぼとぼ歩いていたり、猫背だったり、自分の普段の歩き方や姿勢は自分ではわからないもので、美しい姿勢は常に意識しないとできないことですね。「姿勢よく」と言われても、「何をどうしたらいいいか?」は、案外わからないものです。

私は、企業の研修講師としてのデビューの際、マナーの先生に師事して勉強したことがあります。そのとき、「美しい姿勢」は体で覚えるしかないと教えられました。「姿勢次第で5歳は若返るから、高い化粧品を使わなくても、すぐに誰にでもできる若返り法よ」とも言われました。

立ち姿は踵《かかと》を揃えて、つま先をV字にして、お尻をきゅっと締めると背筋が伸びて「内側重心」を意識できます。「ちゃんと立つよ」と頭で指令を出したら、その瞬間に踵を揃えます。肩の力を抜いて目線はやや上。この立ち姿を街のウィンドーやガラス張りのビルの扉でチェックする習慣だけで、姿勢は変わってきます。

そして、今はPCやスマホなどを見る時間が多く、ついつい猫背になってしまうので、1時間に1回は、思い切って背伸びをして、ふぅーと肩をおろして深呼吸。そして、胸を張り、肩甲骨を真ん中に寄せるようにして姿勢を修正します。

下を向いていると首にシワが寄るので、顎の位置が水平になるようPCや椅子の高さを調節します。

歩くときは、颯爽と歩こうとするあまり、どうしても大股で早足になってしまいますが、エレガントな人は、歩く速さも速すぎず、遅すぎず、優雅です。

気持ちの余裕だけでなく、時間の余裕が必要かもしれません。

座るときも、ガラガラと音を立てて椅子を引いたり、どかっと腰掛けないよう、ひと呼吸入れて、余裕を持って、ゆっくりめの動作を意識します。

姿勢が重要な訳は、ディテールより、全体のフォルムがその人の印象を決めるからです。顔にある小さなシミやシワよりフェイスラインのたるみのほうが気になりますし、実際の体重やウエストサイズを気にするより、美しい姿勢や所作が、あなたを軽やかに若々しく見せてくれます。

また、流行のゆったりしたリラックスウエアやぺたんこ靴ばかりを選んでいると、姿勢に意識を持てなくなることもあるかもしれません。たまには、きゅっと自分を戒めるような緊張感のあるアイテムで出かけてみることも大事です。

私は、昔、お客様のクロコダイルのバーキンを持たせてもらったとき、背筋がピンと伸びるような緊張感と高揚感を覚えたことを、今でもはっきり思い出します。

撮影や収録のたびに、芸術品のようなハイメゾンのお洋服を着てポーズをとるモデルさんやタレントさんが、どんどん美しくなるのは、他者から見られているという意識も大きいですが、芸術品のパワーに負けない自分をつくりたいという気持ちが働くのだと思います。

これはモノを持つことだけでなく、一流ホテルや美術館など、パワーのある場所に足を運び、その場の力を浴びて、改めて自分の立ち居振る舞いを意識する時間を持つのもよいかもしれません。

パワーに満ちた静かな場所で、音を立てず、歩く、座る、話す。そんな余白のある時間がエレガントな姿勢を育むのだと思います。

POINT

一流のお客様に学んだ気づかいポイント

緊張感を忘れないことが美しい姿勢にもつながる

バッグを持って初めて装いは完成する

5
manners

どんなバッグを持っているかで、その女性のライフスタイルが垣間見える気がします。

大きなショルダーバッグやリュック、小さなハンドバッグやクラッチバッグなど、あなたのメインバッグは、どんなバッグですか？　そのバッグは、選ぶとき、どんな基準で選びましたか？

選ぶ基準がある人は、スタイルがあります。素敵なお客様もバッグ選びには、マイスタイルがありました。

バッグはコーディネイトの一部ですから、バッグを持ってこそ、装いは完成します。

バッグを買う際は、バッグだけを見て選ばないことがポイントです。素敵なお客様は、必ず、大きな鏡の前でバッグを持った姿を映し、大きさや形、ストラップの長さを全身のバランスを見ながら、念入りにチェックします。

料理をつくる際、最後の仕上げにパセリを散らしたり、ソースをかけたりすると思いますが、その感覚と似ています。靴やアクセサリーと違って、バッグだけが身体から離れているもの。ですから、より一体感を求めて、全体とのバランスを重視します。

コーディネイトの完成度を左右するのは、バッグなのです。

また、理想の完成形には持ち方も重要です。ショルダーバッグやクラッチバッグは、地面と平行に持たず、やや斜めに持つと着痩せ効果があります。写真に写るときに、真正面から写るより、斜めに写ったほうがすっきり見えるのと同じ効果です。

持ち方ひとつで、印象は変わります。

そして、ふたつのバッグを同時に持つとき、サブバッグは違う種類と大きさのものを選ぶことです。

例えば、同じ大きさのトート型のバッグを2つ、振り分け荷物のように、同じように両手に提げるように持つと、どんなに素敵なバッグでも素敵に見えません。ひとつは小さいショルダーバッグにしたり、クロス型のボディバッグにして、非対称に持ちます。

仕事帰りにレストランで食事の予定があるときは、大きなバッグの中に小さなバッグを入れておきます。そして、大きなバッグはクロークに預け、小さなバッグだけ持って席につきます。バッグを置く場所は、背中と椅子の背もたれの間です。

バッグを膝の上にのせたまま食事をすることはマナー違反ですし、バッグを置いたまま席を立って移動することはありません。

いつもバッグとは行動を共にしますから、コーディネイトの一部ですし、大事な相棒なのです。バッグの持ち方、置き方ひとつで、エレガントな人になったり、残念な人になったりします。

だからこそ、機能性と美しさを兼ね備えた信頼のおける相棒を、長くお付き合いする覚悟で選びたいですね。

「大切に使ってきたバッグを持っている大人は、若い人を安心させる」と言われ、はっとしました。

素敵な大人として、一目置かれる人は、バッグのマナーを大切にし、相棒であるバッグと、きちんと向き合っているのです。

POINT

一流のお客様に学んだ気づかいポイント

バッグのマナーを心得ている人は信頼される

アイメイクで主張しない

6

manners

「無人島にメイク道具をひとつ持っていくとしたら?」

あるとき、お客様にこう聞かれたことがありました。私は、「無人島なら誰にも会わないいし、持っていかないと思います」と答えたところ、「私は迷いなく、マスカラ」と、微笑んだお客様の言葉が印象に残っています。

長いまつげが印象的なそのお客様は、まつげが大きな黒目を引き立たせ、表情に陰影を与え、奥行きのある女性らしさを際立たせていました。長いまつげは、横顔をも立体的に見せてくれる効果があります。

素敵なお客様のメイクの共通点はアイメイクが控えめでまつげが美しいということです。メイクというとどうしても色物に目がいきがちですが、そのお客様は「大切なのは肌の艶と眉毛とまつげの形」だとおっしゃいました。色より艶と形なのです。

「何もいらない」と答えた私とは、エレガンスの差、女性としての偏差値の差を感じたのです。誰かのためだけではなく、自分自身のために美しくいたい、そんな美意識の高い生き方をしているのだと思いました。

誰にも会わなくとも、自分のチャームポイントであるパーツを日々慈《いつく》しむことで、鏡を見たとき、自分のことを好きでいられるのではないかと思います。

無人島で、鏡の中の自分と対話しながら、長いまつげにマスカラを塗るお客様を想像しました。エレガンスとは、誰も見ていないところで、日々育まれるものかもしれません。
あなたなら、無人島に何を持っていきますか?

POINT

一流のお客様に学んだ気づかいポイント

自分を慈しむメイクはエレガンスの基本

結婚式の服選びで注意すべきこと

冠婚葬祭時の装いにもマナーがあります。

結婚式の場合、時間によってマナーが異なることが洋装の特徴ですので、昼間の装いは、肩や腕など肌を出さないことが基本です。夕方から夜の装いは、肩や腕を出してドレッシーに。

スカート丈もロング丈、アクセサリーも華やかにします。

バッグは高級品だとしても、パイソンやクロコダイル、ヒョウ柄など、

7

manners

生き物の殺生を連想するものはＮＧです。布製のものを持っておくと安心です。光沢感のあるクラッチバッグなども素敵です。

また、格式ある結婚式では、オープントゥの靴もカジュアルな印象を与えてしまうので、避けたほうが無難です。

このＮＧマナーをあらかじめ覚えておいたうえで、ドレスはフォーマルで、気品あふれるものを選びたいですね。木綿やニット生地は、どんなにお洒落なものでも、フォーマルな場所ではふさわしくありませんから、トレンドやお洒落さよりも基本に忠実な装いを意識したほうが安心です。

私は、結婚式のゲストドレス選びで大失敗したことがあります。

男性は黒のスーツをお召しのことが多いので、女性のドレスは華やかなほうが場が明るくなるのではと考え、クリスマスシーズンでもあったので、赤のワンピースで出かけたのです。

けれど、花嫁である後輩は何事にも堅実なタイプで、洋服も普段から黒やネイビー、ベージュといったシンプルなものが多かったことを失念していました。ですから、ウェディングドレスもごくシンプルなもので、お色直しもありませんでした。

衣装はシンプルに、けれど料理は豪華にという、料理好きの後輩らしいコンセプトのお式でした。参列者の友人の皆さまもシンプルな黒のワンピースの方が多く、赤のワンピースの私は、とてつもなく目立ってしまい、とても申し訳なく、いたたまれなかったのです。

パーティーも同じだと思いますが、主催者の好みや人柄を考え、どんな会になるか、どんな方々が集う会になるかを熟慮して、装いは選ばなければと反省しました。

結婚式は主役を引き立たせたうえで、自分らしく気品のあるフォーマルな装いが求められます。

そんな特別な着こなしの達人が、私の友人です。ハイブランドショップで勤めていたとき、同僚の結婚式に一緒に参加しました。会場はクラシックでありながら、ゴージャス。受付で会ったときの装いに目を見張りました。髪を小さくまとめ、黒の細身のロングドレスにチラッと見える芸術品のような有名ブランドのシルバーの靴。ロングのパールネックレスを何重にも付け、靴と同じシルバーの小さなクラッチバッグ。

さりげない中にも、ゴージャスさと気品があり、ロングドレスの着こなしもサマになっていました。

ドレスの裾さばき、優雅に歩く所作も見事で、クラッチバッグを上から挟むように、指を伸ばして持ち、立ち居振る舞いからも気品のオーラが漂っていました。皇族の方のような神々しさだったのです。

今は、フォーマルウエアはレンタルでという方も多いと思いますが、上品でシンプルなパワードレスを一着だけ手に入れて、食事会などにはコレと決め、アクセサリーや靴、バッグを会場や参加者、時間帯に合わせてアレンジしていきます。小物のコーディネイトを考え抜き、何度も袖を通すうちに、着こなしが身についてきます。

私も、パワードレスを探していたとき、お客様からすすめられたあるブランドの濃紺の上質なシルクのワンピースに出会いました。少し値は張りましたが、20年近く、どんなオケージョンにも対応できる優秀な一着となりました。どんなときにも、どんな場所にも馴染み、どんな人と一緒でも恥ずかしくない私でいさせてくれる、信頼できて、頼りになる最上の一着でした。オケージョンの装いがランクアップすれば、確実に自信がつきます。

POINT

一流のお客様に学んだ気づかいポイント

最上のリトルブラックドレスを持っている

葬儀の装いで何よりも求められるもの

訃報は突然訪れるもので、気持ちが動転します。けれど、場を乱すような振る舞いは慎み、故人とのご縁に感謝し、遺族の心情に寄り添う態度で、お別れをすることがマナーだと思います。

故人に恥じない自分でいるためにも、静かに毅然とマナーを守った振る舞いこそが、大切なのだと感じます。お別れの場でこそ、振る舞いは美しく、悔いのないお別れをしたいものです。

8

manners

すべての動作は慌てず、落ち着いて行い、お辞儀は心を込めて丁寧に。仏式の焼香のしかたや神式の玉串の奉り方など、宗派によってもマナーが違いますので、あらかじめ調べておくと安心です。

弔事の装いでのNGは、派手なメイクやネイル、香水やエナメルなど光る素材のものです。

バッグは金具などの飾りのない小さな布製のものを用意します。また靴も同じく、飾りや光沢のないもので、ヒールの高さも音がしない5cm程度のものが望ましいです。オープントゥのものは避け、ラウンドトゥのものがよいとされています。

黒の手袋は、格上の装いになります。ネイルをすぐに落とせないときにも着用します（焼香のときは外します）。

通夜や告別式に列席する場合は、喪服を用意しますが、喪服や靴、バッグ、袱紗《ふくさ》（紫色のものは慶弔両方に使えます）、片手数珠などは、すぐに取り出せるところに用意しておかないと、慌てることになります。

慌てて準備すると、余裕がなくなってしまい失敗することが多いので、仕舞っておく場所は決めています。

以前は、お通夜は「取り急ぎ駆けつけた」ということがわかる普段着でいいとされていましたが、昨今は、ある程度時間が経ってから行われることも多いので喪服が一般的です。

喪服は、フォーマルブラックと言われる黒で、光沢のないワンピースとジャケットを合わせたものです（準喪服と言われているものです）。

肌の露出が多いとマナー違反になりますので、ワンピースのスカート丈は膝下5㎝が標準です。正座をする場合もあるのでフレアスカートがおすすめです。また、夏はジャケットを脱ぐ場合が多いので、ノースリーブではなく、ワンピースの袖丈が5分丈か7分丈のものを選ぶと通年着用できます。

私は、ワンピースだけを購入し、ジャケットは仕事着として使っている黒のものを合わせればいいと考えていました。

けれど、喪服のポリエステル生地と仕事着のウール生地の黒色の濃さは違っていたのです。

同じ黒でも、素材が異なると見た目にもはっきりと濃さが違うため、合わせたときに色の違いが目立ってしまい、着ていて気分が落ち着かなかったことがあります。

ジャケットもあわせて買っておけばよかったと後悔しました。

黒という色は、格の違いをはっきりとあぶり出す色ですから、喪服は長く着ることを考えて、シンプルで上質なものを選ぶことです。

襟元に、一連のパールネックレス（長さ40㎝くらいのもの。二連のものは不幸が重なるという意味になるためＮＧです）をすると、控えめな気品が感じられます。あるお客様は国葬で佳子様が身に着けていらっしゃったジェットという黒玉のネックレスとイヤリングをセットで身に着けていらっしゃいました。セットで身に着けることは正式な装いの基本です。イギリス王室のモーニングジュエリー（服喪中に着ける故人の死を悼むためのジュエリーのこと）と呼ばれているジェットは控えめでありながら、上品な装いの仕上げになります。

葬儀での装いは、ＴＰＯを考え、マナーを守ることで、思いを形にして届けられるのだと思います。

POINT

一流のお客様に学んだ気づかいポイント

お悔やみの場こそ身なりと振る舞いを大事に

maintenance FOR YOU 1

ご機嫌でいることも大人のマナー

不機嫌な人がひとりいると、そのピリピリ感は周りに伝染していきます。そして、腫れ物に触るように、もれなく周りは、その人に気を使わなくてはならなくなります。

不機嫌は、社会人としてマナー違反だと感じます。

いつもご機嫌でいる人は、その場の空気を明るくします。その場の温度感がふわっと上がるような、爽やかな風が吹き抜けるような清涼感を呼び込むのです。その目には見えない温度感や空気感が心地よいので、楽しい会には、必ず「あの人も呼ぼう」となり、「あの人がいいね」と抜擢され、色々なチャンスが増え、物事がどんどんよいほうへ進んでいきます。

ご機嫌でいるだけで、人生はうまくいくのだと思います。

私が新人だった頃、販売員として店頭に立っているにもかかわらず、笑顔になれず不機嫌なときがありました。

プライベートでのモヤモヤを引きずっていて、寝不足なので朝は特に仏頂面、もうろうとして、心ここにあらずといった不機嫌さだったのだと思います。

あるとき、先輩から、「最近、体調悪いの?」と聞かれ、「いえ、そんなことはないです」と答えたものの、先輩からは、「○○さん（顧客さま）も心配してたわよ」「心身の健康管理も仕事のうちだから」と言われ、猛省しました。

ご機嫌でいるためには、睡眠は最も大事だと感じています。

よく眠ると頭もすっきりして、物事を前向きに考えたり、新しい見方ができたり、アイディアが湧きます。けれど、ベッドに入ってからも、「こうなったら、どうしよう」と、まだ起こってもいない未来のことを考え続け、どうしようもなく不安になると、眠れなくなります。

「今は、どうすることもできないこと」を、今、「どうしよう？」と考えても仕方がありません。

「明日のことは、誰にもわからない」と、未来には知らんぷりを決め込み、夜は早めの夕食をとり、早めに入浴して、早めにベッドに入ります。

大きな心配ごとがあったとしても、夜の頭は疲れていますから、いい考えは浮かんできません。

「また明日、考えればいいわ」と、一旦、放り投げて目を閉じます。

そして、日中は余計なことを考えないよう、できるだけ忙しく過ごします。今、目の前にあることだけを見て、自分のやるべきことを淡々とやることです。

ご機嫌といっても、無理にハイテンションになることはありません。当たり前のことを当たり前に、肩のチカラを抜いて、普通に続けていくことです。

そうすれば、毎日に少し余白ができて、ユーモアを言ったり、お洒落をする気持ちが芽生えてきます。

自然と笑顔も増えていき、いつも平熱でいられる、ソコソコご機嫌な毎日が続いていくのではないでしょうか。

きちんとした
人に見える

言葉遣い

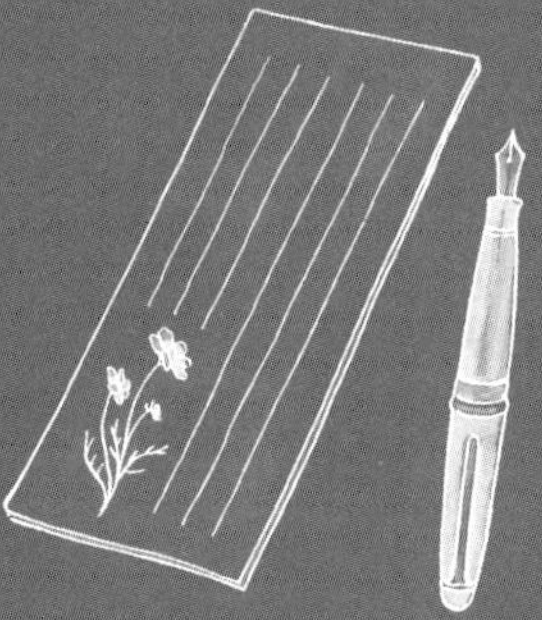

PART 2

9

manners

相手の時間を大切にする言葉

「今から、伺ってもいいかしら?」「休憩時間と重ならないかしら?」、素敵なお客様は、ご来店の際、このように電話をくださいました。そして、必ず時間厳守でした。

さらに、買い物をされる際、店頭でも無駄に長居をすることはありませんでした。自分に似合うものを知っているから、長々と迷うこともありませんし、混み合っている店内で、自分の買い物だけに私達販売員の時間を長時間独占することは申し訳ないとおっしゃいました。長く滞在するときは、それなりの金額の買い物をしてくださいます。

時間は財産なので、自分と相手の時間を活かし、効率も考えた行動が身についているのだと思います。私達は、つい、相手の時間をもらっていることを忘れがちです。

時間は両手の指の間からこぼれる大切な砂のようなものですから、せっかくなら、その砂の一粒一粒が「キラキラと輝くように感じる」と、思ってもらえる時間にしたい。

私は、食事会なども、できるだけ2時間で切り上げるようにしています。2時間以上は、同じ話題の堂々巡りになることが多いと聞いたことがあるからです。いつまでもダラダラといて、何となく尻すぼみになって解散するより、名残り惜しくても2時間で切り上げたほうが、「楽しかった。また会いたい」と、思ってもらえるのではないでしょうか。

ですから、お誘いするときは、「〇〇さんにお越しいただけたら、きっと楽しい会になります」と、相手をリスペクトしている言葉を伝え、「2時間くらいお時間をいただきたいのですが、この後のご予定はいかがですか?」と、あらかじめ聞いておきます。

そして、時間をもらったことのお礼は、その日のうちにメールで伝えることにしています。「お忙しい中、お運びいただきありがとうございます」「お話が楽しくて、あっという間でした」と余韻が残るうちに、どんなに楽しかったかを伝えます。

「鉄は熱いうちに打て」と言いますが、「メールも熱いうちに打て」だと思います。相手のために時間を使うことは、最大のギフトです。そして、感謝の言葉は、早く&熱くがマナーです。

POINT

一流のお客様に学んだ気づかいポイント

相手の時間を無駄にしない配慮を持っている

言いにくいときの「あいにく」「よろしければ」

10
manners

私が出会った素敵なお客様は、ご自分の意志が明確でYES、NOがハッキリしていた印象です。自分を安く見積もらないので必要以上に我慢はしませんし、納得するまで交渉もします。けれど、威圧的だと感じたことは一度もありません。

うまくNOを言うには、最初に「クッション言葉」と言われている気くばりの言葉を使うことがポイントだと思います。

「申し訳ございませんが」と最初に言われると、「あー、きっとNOなんだな」と、NOと言われる前に、こちらが身構えることができます。この言葉がNOと言われるダメージを和らげる「クッション」となるのです。

私が出会った断り上手なお客様は、「あいにく」という言葉をよく使われました。

そして、「こうしてほしい」と言いにくいことを依頼するときは、「お手数ですが」という言葉を使われました。「お手数をおかけしてすみません」という気持ちが伝わるクッション言葉です。

また、「よろしければ」という言葉も、頼みごとをする場合、とても柔らかく聞こえます。そんなお客様の影響でしょうか。私達、販売スタッフ同士も、職場ではどんなに仲良くなっても、「お手数だけど」「よかったら」という言葉を使うようになりました。その結果、お互い助け合いながら、気持ちよく仕事ができたと思っています。

接客業をしていると、言葉には敏感になります。断り方が難しいと感じることが日々あるからです。すべてのお客様のご要望にお応えすることはできず、お断りせざるを得ないことも多いのです。

そんなときは、「できません」と「せん」という否定形を使うのではなく、「ます」という肯定形で表現します。「申し訳ございませんが、できかねます。なぜなら……」とクッション言葉をつけて、最後に理由も伝えます。そして、代案があれば、ご提案します。

「せん」という言葉は、とても強い否定の響きを持っていて、相手の胸に突き刺さるということを、これからも覚えておきたいと思います。

クッション言葉の達人になることで、言葉の上級者としての品格スキルが磨かれていくと思います。

POINT

一流のお客様に学んだ気づかいポイント

気くばり言葉を大事にして人間関係を変える

11

manners

「参考になります」より「勉強になります」

敬語の3本柱は、尊敬語、謙譲語、丁寧語ですが、特に謙譲語がうまく使える人は、品格を感じます。謙譲語は、自分がへりくだることによって相手を高める言い方なので、その人の奥ゆかしさ、謙虚さが美徳となって言葉から匂い立つ気がします。

謙譲語は、謙譲の度合いによって、「します∧いたします∧させていただきます」と変化していきます。「させていただきます」を多用すると、過剰に感じることもありますが、「おかげ様で」という感謝の気持ちを表現するときは、最上級の謙譲語がふさわしいと感じます。

年配者の方に接するときには、相手のプライドを傷つけない配慮を言葉遣いで意識することが何より大事です。

お酒を勧められたとき、「飲めません」と言うより「不調法なもので」と言うほうが、相手の気持ちを逆なでしませんし、何かご教示いただいたなら、「参考になります」では、参考程度というニュアンスになってしまい失礼です。「勉強になります」が望ましいかと思います。

「失礼しました」も「ご無礼いたしました」。

「わかりました」より「かしこまりました」「承知しました」。

「お元気で」より「ご自愛ください」。

「さようなら」より「ごめんください」と、言葉を変換するだけで、相手を敬う気持ちや丁寧さが伝わりやすくなります。

敬語は、相手との距離感によって、どこまで崩してよいかを会話の中で調整していくことも必要です。私が年配の顧客様と接するとき、長いお付き合いになるにつれ、終始かしこまった態度で最上級の敬語で接していては、慇懃無礼《いんぎんぶれい》ではないかな？　と、感じるときがありました。

そんなときは親しみを込めて、「お似合いでございます」から「お似合いですね」と少しカジュアルな言葉を意識的に使ったりしましたが、最初と最後だけは、お辞儀とともに

「いらっしゃいませ。いつもご愛顧いただきありがとうございます」

「お忙しい中、お立ち寄りいただきありがとうございます。またどうぞお越しくださいませ」

などと、丁寧な言葉遣いを心がけていました。

どんなに尊敬の気持ちがあっても言葉遣いひとつで、その気持ちが伝わらないことがありますので、まずは、正しい敬語をマスターしたうえで、関係性によっては節度を持ちながら、少しずつ言葉の距離を縮めていくことも大事かもしれません。

この距離感をうまく言葉で測れる人は、年配者から可愛がられる人になれると思います。

年配者から可愛がられる人は、天から太いロープで引っ張り上げられたようにランクアップし、たくさんのご縁をいただいて輝いていきます。

POINT

一流のお客様に学んだ気づかいポイント

自分を引いて相手を敬う謙譲語の達人になる

12
manners

電話をするときの配慮が品格につながる

電話は人と人を結ぶ大切な声のコミュニケーションツールです。顔が見えないだけに、声の表情や相手を思いやる言葉や丁寧で柔らかい対応が必要だと、販売員のときに教えられました。電話での対応では、早口にならないように。そして、いつもの声より半音高く、笑顔の声（エゴエ）を意識します。

電話をかけるときは、まず「今、お電話よろしいでしょうか？」と、相手が話のできる状況であるかどうか確認する習慣をつけます。

来店時に気づかいが行き届いているお客様は、電話での話が長くなるときは、さらに一段レベルの高い配慮をされました。

「今、大丈夫ですか？」ではなく、「少しお時間いただいてご相談したいことがあるので、おかけ直ししましょうか？」と聞いてくださいました。

「大丈夫ですか？」と聞かれると、「大丈夫ではないです」とは言えないので、落ち着いて話ができない状況でも、つい「大丈夫です」と言ってしまうからです。

「おかけ直ししましょうか？」と言われると、「ありがとうございます。こちらから改めて、お電話させていただきます。〇分後でもよろしいでしょうか？」と、お伝えすることができます。

職場で「△△さん、〇〇様からお電話です」と転送された電話に出るときは、「はい、△△です」と自分の名前だけを名乗ると、相手はもう一度、「○○です」と名乗らなくてはなりません。この場合、「○○様、いつも大変お世話になっております。△△です」と、相手のお名前と自分の名前も添えて電話に出ると、丁寧で親切な対応になります。これは、私の持論ですが、電話のマナーが素晴らしい飲食店は、実際に行っても素晴らしい対応をしてくれることが多いと思います。

ですので、大切な方を接待するときは、インターネットでの予約だけでなく、必ず電話をして予約を確認し、席や料理の詳細などをリクエストすることにしています。電話での対応マナーは、その人や企業の本質をあぶり出すのではないかと思います。

メールがコミュニケーションツールの主流となりましたが、電話応対の一流を目指すと、人も企業も品格がついてきます。

POINT

一流のお客様に学んだ気づかいポイント

電話の際は対面よりも何倍も丁寧に対応する

流行り言葉より美しい言葉を選ぶ

言葉は時代とともに進化、更新していて、昔は「誤り」とされていた言葉でも、今では一般的に「正解」だと認識されている言葉も多くあります。また、言葉は世代間でも異なります。

流行り言葉は、今の温度感や時代の感性を表現しているものもあり、完全に無視はできませんが、品格のあるお客様は、「感性は理解できるけれど、積極的に使うほどではない」というスタンスで、大人は一定の

13
manners

距離を置いたほうがよいというお考えでした。

私自身、20代の姪とのLINEのやりとりで、「時代遅れのおばさんだと思われたくない」「イマドキの言葉も知っていて若々しい」と感じてもらいたくて、流行り言葉を使ってみたり、カタカナ言葉を真似して使っていたことがありました。

しかし、あるときラジオの相談コーナーで、「女性の上司が、飲み会では急に若者言葉を使うから痛々しく感じる」「ちょっと前に流行った死語と言われている言葉ばかりで正直に言うべきか？」という内容にドキッとしました。

使う言葉が違うと、その人との関係に距離も感じやすいので、同じ言葉を使うことで「親しみを感じてもらいたい」「話のわかる上司だと思われたい」という気持ちはよくわかります。けれどお客様の言葉を思い出し、大人の女性は無理に迎合することなく、美しい言葉を使う憧れの女性を目指したほうが、よい関係が築けるのではないかと、反省を込めて思いました。人間関係は言葉が大きく影響します。

以前、作家の川上未映子さんがインタビューでそのときどきであの人がこんなことを言ってくれた、というものをつなぎ合わせた星座のようなものが幸せなのではないか、といったことをお話されていて、とても素敵だと思いました。

人との出会いや、その人から贈られた素敵な言葉は、時間を経て、星のようにキラキラと輝くのです。大人の女性として、出会った人の星座のひとつになるような言葉を届けることができればと思っています。

POINT

一流のお客様に学んだ気づかいポイント

流行り言葉を無理に使わない

14
manners

「どうぞ」のひと言に優雅さが表れる

年を重ねるつれ、普段の言葉遣いについて考えることが増えました。相手を傷つけていないだろうか？　自分と周りの人たちを笑顔にしているだろうか？　と、言葉の使い方ひとつで人間関係の景色も変わるからです。

店頭で素敵なお客様とお話をするとき、とっさのときに発せられる言葉は、その人の品性を表しているように感じていました。とっさのひと言が、その人の本質なのかもしれないと感じていたからです。

素敵なお客様は、レジが立て込んでいるときや見たい商品が他のお客様と重なったときなどに、笑顔で「どうぞ」と、譲ってくれました。この言葉は、余裕がないとなかなか言える言葉ではありません。

混み合った電車内で席を譲るときやエレベーターでの乗り降りなど、様々な場面でも「どうぞ」と言えるようになりたいなと思いました。

思い返してみても、優雅に「どうぞ」とおっしゃる素敵なお客様が焦っているところを見たことがありません。いつも、余裕があって、ゆったりとしていました。

私は、そんなお客様と接して、「焦っているときほど、周りを見る」「急いでいるときほど、ゆっくり」ということを教わった気がします。

そうすることで、焦っているときや急いでいるときのイライラした言葉や、自分も周りも追い込むような、否定的な不用意な言葉を飲み込むことを意識するようになりました。

職場でも、突然、仕事を振られても気持ちよく「承知しました」と返事をする。結局はやることになるのだから、気持ちよく引き受ける返事ができる人は、素敵だなと感じます。

そして、職場だけでなく、家庭でも、友人同士の集まりでも、尊敬や感謝の言葉や褒め言葉、労りやねぎらいの言葉を伝えられると、その場に美しい音楽が流れるような気がします。「素敵ね」「素晴らしいわ」という褒め言葉には主語がないので自分にも言っている感覚になります。生きている限り、美しい言葉の音楽を奏でる、一流の演奏者でいたなと思います。

POINT

一流のお客様に学んだ気づかいポイント

「どうぞ」のひと言で自分にも相手にも余白をつくる

相手に喜ばれるお礼の伝え方

お礼の伝え方にも人柄が出ます。素敵な人は、「ありがとうございます」の謝意の伝え方が上手だと感じます。

お菓子を差し上げたとき、「シナモンの風味がミルクティーにぴったりで、休日の午後にいただきました」と、情景が浮かぶような丁寧なメールをいただくと、こちらも嬉しくて、また贈りたくなります。

「すみません」「恐縮です」と言われるより、「ありがとう」「嬉しかっ

15

manners

た」「楽しかった」と言われたほうが報われた気持ちになるのではないでしょうか。

そして、その「ありがとう」の伝え方が具体的だったり、「なぜ嬉しかったか」「どう嬉しかったのか」というプラスαの言葉を添えてくれると、その情景がリアルに伝わり、こちらも嬉しくなるのです。

例えば、ご馳走になったとき、「満足してくれたかな?」と相手は不安になっているかもしれません。

「美味しくて、たくさんいただいてしまいました」「あんなに美味しい○○をいただいたのは初めてです」など、自分の言葉で、素直に伝えます。

どのように食べて、どんなに美味しかったかを、普段から言葉にすることで、語彙力が高まり、お礼上手になれると思います。

お祝いの品をもらったときは、喜びの気持ちとともに、どこに飾るか、どのように使うかなどを具体的に書きます。

ビジネスで「5W1H」をよく使いますが、いつ（When）、どこ（Where）、誰（Who）、何（What）、なぜ（Why）、どのように（How）を意識して書くと、具体的な情景や嬉しい気持ちがダイレクトに、伝わりやすくなります。

感謝の言葉は美しく、感謝を忘れない人は多くの人から愛されます。

「ありがとう」という言葉は、誰もがハッピーになれる言葉です。

そんな最上級にハッピーな言葉を、さらに美しく、愛を込めてラッピングして届けようとすることで、自分の人生もよりハッピーになっていくのではないでしょうか。

POINT

一流のお客様に学んだ気づかいポイント

お礼上手の周りには「ありがとう」があふれる

16

manners

軽やかな言葉は運もご縁も味方にする

人の身体や心の在り方と、言葉遣いはリンクしているのではないかと感じることがあります。心がトゲトゲとしていて、柔らかいことが言えないときは、身体がガチガチに固まっていることが多かったからです。そんな日、私は入念にストレッチをして、身体と心をほぐします。湯船につかりながら、「お疲れさま」「ありがとう」と、一日頑張った自分に労《いたわ》りの言葉をかけてあげます。

うまく自分を労ることができると、相手を労る言葉や軽やかで柔らかな言葉が生まれるベースを作れると思います。

心が軽やかなときは、言葉遣いも軽やかで、「きっとうまくいくわ」「気にしないで」と、爽やかな風のように自分も相手もふわりと楽になるような言葉が出てきます。

年長者になるほど、上からモノを言わないように、自分の言葉が威圧的にならないように気をつけたいと素敵なお客様はおっしゃいます。

そのためには、断定しないこと、決めつけない言い方が大事かもしれません。

「あなた」が主語になると、決めつけた言い方になります。

「遅いわね」という言葉は、「あなたは遅い」と、あなたを主語にして、決めつけている言い方です。

「あなたは〜ね」と言いたくなったときは、主語を「私」に変換します。「私は、あなたに早くしてほしいと思っています」だと、私が主語なので、そう思っているのは私の気持ちだから、相手は「なるほど、この人は、そう思っているんだな」と受け取りやすくなるのです。

また、語尾も大切です。

「〜してください」「〜しましょう」は、どんなに丁寧に言っても命令形になるので、威圧的に感じる人もいます。

「〜してくださいますか?」「〜してみませんか?」という疑問形だと、相手は、「YES・NOの判断は私に委ねられている」と感じるので、受け取りやすくなります。

柔らかい言葉は、ポジティブな言葉でもあります。

例えば、「太っている」は「ふくよか」。

「痩せている」は「スリム」と言い換えると、柔らかく投げられたボールのように、ふわりと相手の心に届きます。

特に、付き合う相手の短所が気になるときは、長所に変換して言葉にしてみます。

「ずうずうしい」→「物おじせず積極的」
「不器用な人」→「コツコツ頑張る人」
「文句が多い」→「自分の意見を持っている」
「優柔不断」→「慎重で思慮深い」

など、ポジティブな言葉に変換すると、相手の長所を探すことが上手になり、周りの人から愛されるようになっていきます。軽やかな言葉を使う人は、運も縁も引き寄せ、味方にしていくのです。

POINT

一流のお客様に学んだ気づかいポイント

柔らかい言葉は軽やかに届くと知っている

お詫びするときは深く、重く

販売員をしていた頃、お客様のご自宅にお詫びに伺うことがありました。その際、百貨店のマネージャーから「最寄りの駅に着いたときから、身支度を整えて、誰に見られても恥ずかしくない態度で」と言われたのです。

それには、こんな失敗談があったからだと話してくれました。

マネージャーが、担当者とお客様のご自宅に車で向かった際、早く着

17

manners

きすぎてしまい、自宅の前に車を止めて、約束の時間になるまで待っていたそうです。

夏の暑い日だったのですが、なんと車の冷房が壊れ、二人ともジャケットを脱ぎ、ネクタイを緩めていたそうです。

その様子を、お客様が2階の窓からご覧になっていて、だらしない態度だと感じ、その日は会っていただけなかったと聞きました。

理由はどうあれ、お詫びに伺っているにもかかわらず、「だらしない態度」と感じさせてしまったことは、不覚であった、と。

また、「申し訳ございません」という謝罪の言葉を心の底から伝えるには、腹式呼吸を意識しなければ、口先だけで言っていると感じさせてしまう。「呼吸」と「音」が大事なのだ、ということは私が謝罪に伺ったお客様から教えていただきました。同じ「はい」という返事でも、音によって感じ方が変わります。

明るく返事するときの「はい」、重く同意した「はい」、疑問を感じたときの「はい」など、言葉は、「音」で受け取り方が変わることがあるからです。

謝罪をするとき、お相手は、どんな理由があれ困っているのです。その気持ちをわかってほしいと思っています。

ですから、浅い呼吸で「申し訳ございません」と言葉を発しても、口先で言っているように、軽く聞こえてしまうのです。軽く聞こえると、困っている気持ちを軽く扱われていると感じさせてしまいます。

「同じ温度感で困ってほしい」のです。

しっかりと、腹で呼吸をし、深く息を吐きながら「申し訳ございません」と深く頭を下げる。

「深く、重く」が鉄則です。

また、音が伝わらない謝罪のメールを送るときは、まずはお詫びの言葉が先です。そして、なぜ謝らなくてはならなくなったのかという、いきさつも簡単に添えます。言い訳がましくならないように、事実だけをシンプルに伝えます。

また、お詫びの品を持参するときは、羊羹《ようかん》などの重いものがよいとされます。

重く受け止めていることを、形で表すためです。

いくら気持ちがあっても、伝わらないことがある。伝え方が大事だということは、謝罪の場を通じて知りました。

きちんとお詫びができることも、大人として大切なマナーなのだと思います。

謝罪は、緊張感を伴うものですが、きちんと謝罪ができる人には、高い人間力を感じます。

POINT

一流のお客様に学んだ気づかいポイント

謝罪にも心を形として表す共感力が必要

18

manners

言葉選びで印象は大きく変わる

言葉には多くのバリエーションがあります。言葉によるコミュニケーションにマナーは不可欠ですが、言葉選びは本当に難しく、メールの返信をするときも、「この言葉は相手に失礼ではないか?」「無神経な言い方をしていないか?」と、送信ボタンを押す前に、何度も見直すことがあると思います。

何気なく言った「頑張ってください」という言葉も、人によっては、突き放されたように感じるかもしれません。「心から応援しています」「ベストを尽くせますように」などのほうがふさわしいかもしれません。

あるとき、私は、お客様に百貨店のポイント加算変更に関する説明をしていました。話が長くなってきたので、「ご理解いただけましたか？」とお聞きしたところ、ご気分を害されてしまったのです。この言葉は、「私の理解度を測っているの？」と取られかねないのです。敬語としては間違ってはいませんが、「ご不明な点はございませんか？」と、「私のつたない説明で……」という気持ちを込めて、お聞きしたほうがよかったと思いました。

「この話は複雑で難しいから」と、自分で勝手な判断していたのかもしれません。きちんと伝えていただいたことに感謝しています。まったく、気づいていなかったからです。

友人から相談を受けるときも、親しき仲にも礼儀あり。言葉は慎重に選びます。

「こうしたら？」「こうすれば？」と、自分の当たり前だけを前提にアドバイスすることとは、相手にとっては失礼ですし、余計なお世話です。「私だったら、こうするかも……」というアドバイスくらいしかできませんし、それを実行するかどうかは、本人の問題だと思います。

そもそも、アドバイスが欲しいのではなく、話を聴いてほしいだけかもしれませんし、人に悩みを話すということは、自分の苦しさに向き合うことですから、大変なことなのです。

ですから、「私に話してくれて、ありがとう」という気持ちが大切で、その気持ちがあれば、言葉選びも変わってきます。

マナーとは思いやりですから、同じところに立って同じように感じる気持ちがあれば、言葉選びは人格のように磨かれていくのだと思います。

POINT

一流のお客様に学んだ気づかいポイント

相手の欲しい言葉を届ける名ピッチャーになる

19
manners

丁寧な言葉に見えて
そうではないもの

「お名前のほう、お伺いします」「コートのほう、お預かりします」

このような言葉は、聞き慣れているので、違和感を持たない方も多いのではないでしょうか。

私も、新人の頃、お客様からご指摘を受けるまで、まさか自分が「ほう～ほう」と、ふくろうが鳴いているように、「ほう」を繰り返し使っているとは思いもしませんでした。

「〇〇のほうは、本日、不在です」「お鞄のほうは、こちらに置いてくださいませ」など、当たり前のように使っていたのです。

きちんとした言葉遣いを、改めて学ぶ必要があると思い、私は、前述しましたようにベテランのマナー講師の方のアシスタントとして、マナーを勉強した時期があります。そのとき、この「〜のほう」について、正しい使い方を教えてもらいました。

「〜のほう」は、方向を指し示すとき（右のほう、左のほう）と、比較するとき（AとBならAのほう）の2通りでしか使わないのです。

他にも、「50円のおつりになります」の「〜になります」も、実はバイト言葉と言われているものです。

「〜になる」という言葉は、変化したときに使うのだそうです。ですから、おつりに変化したわけではないので、「50円のおつりでございます（です）」。

また、「〇〇様でよろしかったでしょうか？」は、丁寧な言い回しで聞き心地がよいので、使ってしまうことも多いと思いますが、年配の方々には違和感のあることも多いので、見直す必要があります。就業中にお客様に対して使うと、会社の信用に関わります。謝罪の場面では、きちんとした敬語が使えないと、大きな問題に発展するケースもあります。

そして、先生がおっしゃるには、近年、TVを見ていて気になるのが、「ダンスはやられますか?」など、「やる」に「れる、られる」をつけているタレントさんが多いということでした。

「やる」は、本来、「花に水をやる」「ペットに餌をやる」という以外は、使わないのだそうです。先生なら、「ダンスはなさいますか?」とお聞きするということでした。

そして、できるだけ、動詞を意識して話すことも大事だと言われました。

「離席しております」と言われると、頭の中で「りせき」という、耳から聞いた音を漢字に変換しなければならないので、「席を外しております」と、音のまま意味がとれる動詞を使って伝える。

また、「帰社」という言葉は、同音異義語（記者、汽車）があるので、話し言葉では極力使わず、「帰社予定は17時です」より、「17時に戻る予定です」と言いましょうと教えていただきました。

「一回で伝わるように」「相手が聞き直すことのないように」という配慮がマナーなのです。

聞き心地のいい当たり前ようになっている言葉も、相手や状況によっては「カジュアルすぎる」と失礼になることもあるので、TPOを考えて使う必要があるのだと思います。

POINT

一流のお客様に学んだ気づかいポイント

明らかな間違いは間違いと伝えることも思いやり

20 manners

オウム返しは受容のスキル

ある日の店内でのことです。色とりどりの財布が並ぶショーケースを、熱心にのぞき込むお客様がいらっしゃいました。私は、ゆっくりと近づき、「気になるものがございましたら、お出しいたします。お手に取ってご覧くださいませ」と声を掛けました。

お客様は、「このブルーの、見せてください」とおっしゃいました。

その財布は、「セルリアンブルー」という鮮やかな色で、ショーケースの中でも一番目立ち、南国の海の色のようにキラキラと輝いていました。

私も、この色が気になっていたので、思わず、「はい、このセルリアンブルーですね」と答えてしまったのです。

お客様の輝いていた顔は、少し曇ったように見えましたが続けて、「セルリアンブルーっていうのね。勉強になるわ」と微笑みました。

無意識だったのですが、当時私はカラー検定の受験を控えていたので、きっと覚えたばかりの「セルリアンブルー」という言葉を、得意げに言ったのだと思います。お客様には、「これはブルーではありません」と、否定的に聞こえてしまったのです。

「はい。このブルーですね」と、お客様の言葉を復唱し、色のことについて訊かれたら、「セルリアンブルーという色のようで鮮やかですね」などとお答えすればよかったと反省しました。

「オウム返し」というコミュニケーションスキルがあります。相手が言った、そのままの言葉をオウムのように返すというものです。相手から出てきた言葉を、そのままオウムのように返すことは、「あなたの言葉を、ちゃんと受け止めていますよ」というメッセージになるのだと思います。

私というフィルターを通して、相手の言葉を変換してしまうと、「ちょっと違う」「この人は、私の気持ちがわからない」と、そこでシャッターを下ろされてしまう恐れがあります。

返す言葉で上から目線と感じさせてしまったり、相手の気持ちを勝手に縮小したり拡大したりしてしまうこともあります。

オウム返しは、「あなたの気持ちを受け止めました」という受容のスキルであり、基本のコミュニケーションマナーです。

特に、まだお互いのことがよくわからない相手、初めてお会いする方との会話では、先入観を持たないことが大事ですから、重要なスキルかもしれません。

キャリアカウンセリングでも、相手から出た感情の言葉は、オウム返しでそのまま返すことが、大切だと思っています。

例えば、「居たたまれない気持ちだったんです（平静でいられず、その場に留まることができないような気持ち）」と言われたときに、「恥ずかしかったのですね」と返してしまうと、「ちょっとニュアンスが違う」「恥ずかしいというより、その場から消えてしまいたいくらいの状況だった」と思うことがあるのではないでしょうか。

こちらの勝手な解釈や捉え方次第で、ねじ曲げたり、意味や真意が変わってしまうこともあるので、気をつけなければと思っています。言葉は、その人から滲み出る人柄そのものなので、真っ直ぐに受け止めることは、相手を尊重する思いやりのマナーだと思っています。

POINT

一流のお客様に学んだ気づかいポイント

言葉を受け止めることは相手も受け止めること

心に余裕がなくなったときの対処法

2
maintenance
FOR YOU

マナーとは、集団の中で円滑に過ごすため、気持ちよく生活するための行動です。

しかし、どんなに自分がマナーを守っていても、マナーを守らない人に振り回されて疲れてしまうことがあります。

職場で挨拶をしても無視されたり、意地悪されたと感じるときは、「何か、嫌なことでもあったのね」と、軽く受け流すことです。マナー違反の人の顔色をうかがう必要はありません。

明日からも変わらず普通に挨拶をし、必要なことは報告、連絡をし、いつも通りに過ごします。

「私の何がいけないのだろう?」と考え込んだりしても、自分が辛くなるだけです。

適度な距離を置いて、嫌な気持ちを引きずらないためには、「その場所でいかに自分が快適でいられるか」にシフトチェンジすることです。

例えば、自分ひとりでできる新しい仕事を提案したり、気の合う人に協力を頼んだりします。そんな提案や働きかけで、自分の快適な居場所ができることがあります。

また、お気に入りになりそうなランチの店を開拓したり、苦手な人と関わる時間が増えないよう時間管理を徹底して、残業せず定時で切り上げます。


マナーとは思いやりであって、ルールを振りかざすことではないので、自分が苦しくならないよう、ルール違反も柔らかく受け止めることが大事なのではないかと思います。

「一発退場のレッドカード」だと、他者を遮断することは簡単ですが、遮断したために業務に不具合が生じ、自分の首を絞める恐れがあります。「要注意のイエローカード」くらいに受け止め、少し様子を見るくらいの余裕を持ちたいと思います。

人のよいところを見ずに、批判的になり、思いやりが持てないときは、「私もマナー違反かも？」と考え、一旦、その場から離れます。

物理的にも距離が近くなると、見なくてもいいところも見えてしまいますから、人間関係には距離感が一番大事だと思います。

週休3日制を導入する企業が、「よい点」をいくつか挙げていたのですが、筆頭に挙げられていたのは、「職場の人間関係が改善すること」でした。一緒に過ごす時間が物理的に少なくなると、心理的にも余白ができ、ラクになるということでした。

これは、「人間関係は距離感」ということを、裏付けているのではないでしょうか。

風通しのよい距離感を保ちながら、思いやりが持てる柔軟さは、距離や余白があってこそです。

人間関係に疲れたときほど、自分自身は気持ちよくマナーを守ったうえで、時間や距離をコントロールして余白をつくります。疲れたときこそ、ひとりの時間を持って、柔らかい心でいたいものです。

あなたの印象を
美しくする

持ち物

PART 3

21
manners

バッグの中身は あなたの生き方

雑誌の特集で、「あなたのバッグの中を見せてください」という人気企画があります。やはり、他人のバッグの中身は興味深いのだと思います。

優秀な営業ウーマンだったお客様のバッグに入っている三種の神器は、目薬（目の疲れは表情も疲れて見えるから）、絆創膏《ばんそうこう》（靴ズレしたとき の応急措置用。雨の日など滑りやすいときは、靴の底に貼るため）、プロポリス飴（人混みで雑菌が多いと感じるときの除菌対策と、人と話すことも多いので喉の乾燥対策）でした。

「いい仕事をするにはセルフケアが大事なの」とおっしゃっていたお客様らしい選択だと思いました。

セルフケアは、仕事をするうえでのマナーでもあります。

持ち物は備えとして、たくさん持っていれば安心かと言えばそうでもなく、自分の価値観に合った物を厳選することが大事だと思います。

余計なものは持ち歩かない、最低限必要なものだけにしようと取捨選択することで、人生におけるプライオリティも明確になります。

いつも持ち歩くバッグの中身は、あなたの心でもあります。何を入れて、何を諦めるのかを決める自分のモノサシを持つことができると、そのモノサシはあなたに自信をもたらしてくれます。バッグに入っているものは、あなたの生き方そのものです。


モノを選ぶ前に、どんな人でいたいかという自分のスタイル＝生き方を見つけることです。そして、そのための習慣を身につけることで、表情や所作、言葉遣いなどのマナーも自然と身につくのではないでしょうか。

モノサシを持たず、あれもこれもと荷物を持ちすぎると、その重さに負けて歩くスピードが遅くなったり、本当に大事なものがわからないまま、歩き続けることになります。

私のモノサシは、「ご機嫌でいること」を実現できるものを持つことです。

「ご機嫌でいること」が、よりよい人間関係をつくるマナーだと思っていますので、気分が上がるものを、いつも持ち歩きたいと思っています。

それは手触りのいいハンカチだったり、母からもらった小さな手鏡だったり、美しいフォルムの香水だったり。「きれいだな」とか「ほっとする」と感じられるものを持っていることで、心に少しの余裕ができます。

私は30代の半ばになったとき、人の持ち物が気になって仕方がないときがありました。家を持っている、子どもを持っている、やりがいのある仕事を持っている、自信を持っているなど、自分が持っていないものに目が行きがちになり、焦りました。

けれど、大切なことは、持っていないものより、持っているものに目を向けることだったのです。隣の芝生が青く見えるときは、自分の芝生の色を楽しみましょう。意外とあなたの芝生の色をうらやましいと思っている人もいるのです。自分の持って生まれた色を慈しむとおだやかな気持ちでいられます。

POINT

一流のお客様に学んだ気づかいポイント

セルフケアができることは一流のマナー

22

manners

持ち物がケアされていれば心もケアされている

販売員として接客していると、お客様の持ち物から生活や暮らしが垣間見えるときがあります。

あるお客様は、鍵束を持ち歩いていました。きっと、数台の車や自宅、事務所や別荘、倉庫など、管理していらっしゃるものがたくさんあるのだと思いました。

管理するものをたくさんお持ちの方は、メンテナンスも怠りません。

モノを所有するということは、メンテナンスが伴うからです。

いつお会いしても顔色がよく、眉の手入れをきちんとされているのが印象的でした。そして、革靴のソールのケアを忘れず、傷む前に持ってこられました。

その方は、ある大きな会社の社長をしておられました。

自分の目線から一番遠い端である靴を常にメンテナンスすることは、社長として新入社員全員の顔と名前を覚えるようなものだとおっしゃいました。いつも丁寧に「ありがとう」と仰ってくださり、新人からベテランまで、スタッフ全員に分け隔てなく接してくれました。

身だしなみにも持ち物にも管理が行き届いている方は、自分の心もきちんとメンテナンスできているのだと思わずにはいられませんでした。それは、その方の地位を維持することにも繋がっているのではないかと感じていました。

また、あるお客様は、いつも「マイペン」を持ち歩いていました。贈答品を買う際は、「熨斗《のし》」に自らの筆ペンで名前を書かれます。よく手入れをされている美しい手指が印象的な方でした。手書きの文字の美しさは、その方の心も美しく見せるから不思議です。

そのお客様は、マイペンだけでなく、四季が感じられる一筆箋も持ち歩き、ひと言書き添えるということでした。季節ごとに便せんを揃えておくと書く習慣が身につくと教えてくださいました。また、懐紙やポチ袋も素敵なものを見つけると買ってバッグに入れておくのだそうです。日本の風習や文化にも精通していることが、持ち物からも伝わってきました。教養というものも、持ち物を通してわかるものです。

初対面で印象を左右するのは、やはり見た目と持ち物です。

ひと目で信頼できると感じさせる見た目と持ち物は、マナー力の高い人の特徴かもしれません。

素敵なオーラをまとう人になるには、前者のお客様のように、いつも持ち歩いているもののメンテナンスを怠らないこと、そして、後者のお

22

manners

客様のように、自分が大事にしたい習慣や道具を常に持ち歩くことだと思います。

POINT

一流のお客様に学んだ気づかいポイント

見た目と持ち物の管理が美意識を育てる

23
manners

妥協のない黒のパンプスを一足

「靴はお洒落度の半分以上を決定する」と言われています。イタリアでは、「靴はその人の人格を表す」と言われていて、ボロボロの靴を履いている人は、どんなにお洒落をしていても、印象が悪くなります。靴は小さい面積ながら、大きな印象を残すものなのです。

しかし、「靴は消耗品」だという考え方もありますから、お金をかけるのはもったいないと思う方も多いでしょう。

けれど、靴はお洒落アイテムとしてだけでなく、健康を左右するものでもありますから、安いからといって、歩きづらいもの、足に合わないものを履き続けていると、健康を損ねる恐れもあります。

　履きやすさとお洒落さが両方備わった靴は、決して安くはありません。けれど、この両方を兼ね備えたものを妥協せず選ぶと、手放せなくなります。数は少なくていいのです。お客様から教わったことは「まずは、黒のパンプスを一足、妥協なく選んでみる」ということです。自分の足にぴったり合った、履きやすく、フォルムの美しいものを手に入れたら、大事に手入れをしながら、履き続けます。

「上質な一足を妥協なく選ぶことができると、人生が変わる」とお客様はおっしゃいました。

　履きやすいうえに洗練された靴だと感じたのは、初めて買ったブランド品であるGUCCIの定番モカシンでした。靴べらを使って足を入れたとき、ジャストサイズだと「ジュワッ」という音がします。この音は、質の高い人生を歩き始めるファンファーレのように感じました。

足全体を適度なフィット感で柔らかく包み込んでくれるのですが、指は自由に動きます。そして、どんな服にも、この靴を合わせるだけで、スタイリッシュな上品さを演出してくれます。

「素敵な靴は、あなたを素敵な場所に連れていってくれる」というフランスのことわざもありますが、靴は行動力の源であり、人生を一緒に歩く分身なのです。

行動力が鈍っているときは、素敵な靴を手に入れて、素敵な人に会いに出かけましょう。運気とは、「気を運ぶ」と書きます。パワーのある靴は、たくさんのよい気もよい出会いも運んでくれます。

POINT

一流のお客様に学んだ気づかいポイント

よい靴を選び、手入れをして人生の質を変える

白は美しいマナーに欠かせない色

24
manners

あるトップセールスマンは、お客様のお宅にお邪魔したときは必ず、自分の鞄の下に白いハンカチを敷いたというエピソードを聞いたことがあります。

また、ある引っ越し業者のスタッフは、真新しい白い靴下に穿き替えてから作業を開始するそうです。これは、素敵なマナーだと思います。

白いハンカチや白い靴下は、最も清潔感を印象づけるアイテムで、マナーには清潔感が欠かせないからです。

「清潔感のある方だな」と感じていた有名なビジネスマンのお客様も、皺のないパリッとした真っ白なシャツをいつも着ていらっしゃいました。

「白を誰よりも白く着る」という信念を持っていらっしゃったのです。

「白い洋服はクリーニングから返ってきたものを着ると決めている」

とおっしゃっていて、私も見習おうと思いました。

そのお客様は、2週間に1度は美容院で髪を整え、洗顔と保湿中心のスキンケアを怠らず、指先と踵のケアをしているそうです。清潔感は人を引き寄せますし、お洒落が引き立つのは清潔感あってこそです。お洒落な方ほど、清潔感を重視しています。

また、70歳を過ぎても清潔感あふれる素敵なお客様は、クロコダイルの美しい財布からいつも新札を出して、お支払いをされました。元社長夫人でもあるそのお客様は、気配り、目配り、心配りの達人でした。

必ず銀行で新札に交換してから、買い物に行かれるそうです。

「お手間ではないですか?」とお聞きすると、「小さなことだけど、自分も相手も気持ちがいいから」とおっしゃっていたのが印象的でした。新札を必ず両手で扱い「ありがとう」という気持ちでお金を送り出すそうです。お陰で素敵なものを手に入れることができるのだと、感謝しながらお金を送り出すという美しい習慣には、美しい心も宿るのではないかと感じます。

お二方に共通していることは、くたびれたものを着ない、持たない。髪と肌、手が美しい。そして、礼儀正しく、周囲への配慮を忘れないということです。

普段から、自分を律する規則正しい生活が、清潔感の基本かもしれません。

POINT

一流のお客様に学んだ気づかいポイント

ひと手間を惜しまないことがマナーの基本

25

manners

心がすり減ったら持ち物を選び直す

あなたは、自分が快適だと感じる「適量」を知っていますか？　自分の「適量」を知ると、「身の丈に合った暮らし」ができます。

「身の丈」とは、「自分にふさわしく十分な程度」のことです。

少なすぎても寂しいし、多すぎても苦しい。省いたり小さくしたり、トライアンドエラーを繰り返しながら、最適な心地よさを探していくことで、適量がどのくらいかがわかります。身の丈を知っている人は、マイスタイルを持った風通しのよい暮らしをしています。

まずは、小さなところから始めます。例えば、自分のバッグに入っている荷物を透明なビニール袋に入れて、どのくらいの量をいつも持ち歩いているのか、実際の目で確かめてみるといいと思います。目視することが大事です。

そして、多すぎるな、持ちすぎているなと感じたら、その透明の袋から要らないかもしれないいと思うものを、まず1つ選んで出します。

そして、1週間経ったら、また1つ出します。8割の量まで減らせると、もうワンサイズ小さなバッグで十分という量になります。

より小さく、より軽くなると、行動力も加速します。

クローゼットの中も同じです。一度、全部出して1カ所に集めます。

そして、この量を8割にすると、2割の余裕が生まれます。この余白があるとぐっと使いやすくなり、快適だと感じます。

捨てるのではなく、自分サイズへの「選び直し」「仕立て直し」をして、最低限の残すものを決めます。この更新作業は、「何だかついてないな」とか、「うまくいかないな」とか、心がすり減ってきたり、余裕が持てないときに行うのがよいとお客様に教えていただき、食器棚や洋服ダンス、本棚など収納が足りないと買い足したものはすべて処分しました。今ある収納スペースを見直し、必要な量を決めます。

物を選び直すと、心にも選択の軸が戻ってきますし、暮らしを仕立て直しすることとは、「私」を大切にすることに繋がるからです。

「私」を大切にしている人は、量より質を大事にしています。質を上げることで自己肯定感も生まれます。量ではなく質にこだわり、少なくても選び抜いたもので暮らせることができれば、それは「身の丈に合った暮らし」だと自信が持てますし、心豊かに暮らすことができます。

私は、前述のお客様の影響を受け、小さいバッグ、小さい家具、小さい家へとサイズダウンすることで、何をするにも気持ちに余白ができました。コンパクトだと隅々まで目が届き、より自分らしさを感じることができます。

「私はこれで十分」と言えることは潔く清々しい気分になれて、生きる自信にもなります。

POINT

一流のお客様に学んだ気づかいポイント

定期的に「選び直し」「仕立て直し」をする

26

manners

上質な日用品は自己肯定感につながる

友人から引っ越し祝いにと、京都の高級旅館で使われている高級トイレットペーパーをいただいたことがありました。これひとつで我が家が高級旅館になった気分になりました。日用品が一流だと、日常の暮らしが非日常になります。

ティッシュペーパーやコットンなど、直接肌に触れるものは、触感が極上だと自分を大切に扱っている感覚になるから不思議です。

また、視覚や嗅覚も同様です。台所洗剤やハンドソープも容器の色を統一したり、香りにこだわったりすると、家という空間が特別になります。毎日、目にして、触って、香るものは、ちょっと付加価値を感じるものを取り入れると、心が彩られたり、潤ったりと、＋αの満足感が手に入ります。

すべてを一流にというわけにはいきませんから、自分のこだわるものを決めて、楽しむことにしています。

「安い」と手に取ったティッシュペーパーで、心までカサカサになったことがありますし、「お得感がある」と選んだ大容量洗剤は、クオリティに満足できなかったこともあります。毎日使うものだから、どうしても質より量に目がいきがちですが、普段使いだからこそ、「付加価値」を大事にすることで暮らしの質が高まります。

＋αの効果や心地よさを満足感や信頼感としてカウントすることができると、その＋αは非日常の高揚感をもたらしてくれます。

その高揚感はプライスレスです。プライスレスな品物を使う効果は、「お気に入りを使っている自分が好き」と、自分を価値のある存在として肯定できるところです。

「毎日手に取り、繰り返し使っているものは、薄いベールのように、その人の周りに層のようにふわりと、まとわりついていく」とお客様はおっしゃいました。

家の中での暮らしぶりは、外でも何となく匂い立つものなのです。インテリアや家電を最新のものに買い換えなくとも、アメニティの質を少し上げるだけで目線が上がり、淡々と続く日常に彩りが生まれるのではないでしょうか。毎日の小さな＋αの積み重ねが、その人の5つ星オーラを育んでいくのです。

POINT

一流のお客様に学んだ気づかいポイント

日用品の質を少し上げて自分の日常を彩る

27
manners

香りはもうひとりのあなた

香りを爽やかに纏《まと》うことが上手な人は、ファッションセンスが良いよりもお洒落上級者に感じます。香りの印象とその方のイメージがピッタリと合っているとき、強い印象となって脳裏に刻まれ、「素敵な人だったな」と別れた後も思い出し、また会いたいと思われるのではないでしょうか。

私が働いていたメゾンでは香水も販売していたので、新作が出るたびにつけて、時間ごとに変わる香りを楽しんでいました。最初の5分、30分後、2〜3時間後と、様々な顔を見せてくれます。

当時のクリエイティブ・デザイナーであったトム・フォードの作り出す香りは、ニューヨークのクラブシーンの空気感があり、スタイリッシュでクールな大人の香りがしました。

遊び心がある最先端のルックから刺激を受け、その世界観は香りによって完成形となっているようにも感じました。

トップノートと呼ばれる第一印象は軽く爽やかでも、ミドルノートと呼ばれる30分くらい後の香りは豊潤で洗練された表情を覗かせ、独特の個性が漂います。この個性が、香水のコンセプトだと感じます。そしてラストノートと呼ばれる残り香は、また、もうひとつの違った顔であり、個性の裏に隠されていたベースになっている感性が明らかになります。

香水は、香料の濃度によって「オーデコロン」「オードトワレ」「オードパルファン」と、呼び方が変わります。香料の濃度によって、つけ方や分量も違います。同じ香水でもつける人の体温によっても香り方が変わりますので、注意が必要です。私は長年シャネルの「CHANCE」というボディ乳液を愛用しています。たっぷり塗ってもほのかに香る程度なので安心です。

初心者向けは「オードトワレ」が一般的です。

朝つければ午後にほんのり香るので、昼用の香水として使いやすいと思います。「オーデコロン」は、もっと軽いので、気分をリフレッシュしたいときに、さっと手軽につけられます。それらに比べて、ヨーロッパで夜用の香りとして愛されている「オードパルファン」は、持続時間が長いため、量を控えめにしないと、夜の食事の場面ではマナー違反になることがあります。

あるお寿司屋さんで、香水の匂いが強い人が、入店を断られたと聞いたことがあります。食事に行くときは、つけるなら足元に少量だけがルールです。

マナーは、そこにいる人が気持ちよく過ごすためのルールですから、香水のマナーは種類やつけ方を知っておくことが最低限、大事だと思います。

お客様の中には、お持ちの扇子に香水をスプレーしていらっしゃる方もおられました。扇ぐたびに、ふわっと辺りに香りが立ちこめ、優雅な気分になったことを思い出します。

耳の後ろや手首の内側に少しだけつけたり、空気中にスプレーした中をくぐり抜けたり、色々と試してみてくださいね。

企業のマナー研修でも、

「香水の匂いが強い人にどう注意したらいいですか?」

という質問も多く寄せられます。そんなときは、

「香水の種類やつけ方の勉強会を開催してはいかがでしょう?」

とご提案しています。

香りは、いくつかの顔を持つ、もうひとりのあなたです。毎日つきあ

うことでわかり合えますし、やがて、もうひとりの自分の個性となって生活の中に染みこんでいくものだと思います。

POINT

一流のお客様に学んだ気づかいポイント

香りを使いこなせる人はマナー上級者

28
manners

ケアする手間がかかっても持ちたいものは？

衣替えの季節に、いつも残念に思うことがあります。

プチプラで買ったTシャツやニットは、「もうワンシーズン着るかも？」と処分できずに仕舞ったものの、1年経って出したときに感じるダメージは、想像していたより大きいということです。

特にリーズナブルに買った夏物の素材のよれや毛羽立ち、色褪せ具合は、「もう寿命です」と言わんばかりの瀕死の状態で、なんだか哀しい気持ちになります。

上質な生地のものは、それなりの値段でしたが、これほどはダメージを受けない強さがあるのにと思い、その差に愕然とします。

シーズン中フル稼働させ、コスパもよく満足しているのですが、夏の間鳴き続けた蝉が、ぐったりしているようにも見えるのです。

捨てるときにも、罪悪感があります。ショップ内に古着の回収ボックスを設置しているところがあれば、それを利用することにしています。

やはり、少し高くても大事に何年もメンテナンスしながら着て持ち続けるほうが、心も疲弊しないのではないかと感じます。

「買っては捨てる」を短いサイクルで頻繁に繰り返していると、心もすり減っていきます。

メンテナンスは大変な作業ですが、このメンテナンスの習慣ができると、自分の心もメンテナンスできるきっかけになります。

日本の夏は酷暑で湿気も多いので、汗対策が欠かせません。

大事な洋服は、修理専門店で、脇汗パッドを縫い付けてもらうことにしています。

スナップで取り外しできるようにすると便利です。

汗をかいたものを放置しておくと、汗ジミが黄色く変色し、取れなくなります。

一刻も早くケアすることです。変色してからでは遅いのです。

この「早くケアする」という習慣は、心のケアの習慣にも有効です。

疲れた心も放置していると、シミが取れなくなるので、症状が出る前に早めに休むことです。

私は、忙しさを理由に、大事な洋服ケアをないがしろにして後悔したことがあります。

お気に入りの一枚を、随分時間が経ってからクリーニングに出したのですが、「これ以上は、生地を傷めますから修復不可能です」と言われ、泣きそうになりました。

それからというもの、夏物のスーツは2日着たら休ませ、早めにクリーニングに出します。

パンツのセンターラインは、プレスされてきれいにラインが入っていることで、きちんとした印象を与えることができますし、シャツは、襟とカフスの糊を強めにして、湿気に負けないようパリッとさせます。シワシワでヨレヨレのものを着ていると、くたびれた人に見えてしまいます。

きちんとメンテナンスするだけで、第一印象はアップします。

夏物は、汗をかいたときに目立つような色は避け、制汗作用のある素材を選びます。

バッグも、クローゼットの奥にしまい込んでいると、湿気で表面がべたついてしまうことがあります。日本とヨーロッパの湿度の違いを肌感覚で知っているお客様は湿気からバッグを徹底して守ります。天気の安定している5月や10月に陰干しすることが長持ちのコツです。

光と風を通して、モノもココロもリフレッシュ。

バッグは型崩れしないよう、中に詰め物をして、柔らかい布袋に入れて保管します。

このメンテナンスのエネルギーをかけても長く持ちたいものは、そう多くはないはずです。

瀕死状態直前のものを数多く持たないこと、数枚のメンテナンスの良い状態のものを、いつも美しく着ているあなたは、とても上品です。

モノを大事にする精神は、自分の質をもキープすることに繋がります。

POINT

一流のお客様に学んだ気づかいポイント

メンテナンスは大切なコンディションづくり

無理せず頼ることもマナーのひとつ

長い間、キャリアコンサルタントの仕事をして、実感することがあります。それは、ひとりで頑張りすぎるより、困ったときは無理せず、人を頼ることで運命は変わっていくということです。

「宿命」が生まれながらに宿っている使命だとしたら、運命は命を運んでいくことなので、自ら動かしていくものだと思っています。

困ったときには、素直に「助けてもらえませんか?」と頭を下げ、運

3
maintenance
FOR YOU

気の波に乗っていった。そんな人を何人も見てきました。自己満足のプライドを手放すことで、求めていた仕事や企業と出会い、自分の使命や居場所を見出していった人達。

そんな出会いを引き寄せ、運命を変えていく人の特徴は、やはり、「素直な心を持っている」ということです。

素直な心とはどんな心でしょうか？　他者の意見やアドバイスに耳を傾け、他者を尊重し、受け入れる心のことです。またパナソニックグループ創業者の松下幸之助氏は、著書『素直な心になるために』（ＰＨＰ研究所刊）で素直な心の内容を説いています。「素直な心というものは、すべてに対して学ぶ心で接し、そこから何らかの教えを得ようとする謙虚さをもった心」「素直な心というものは、よいものはよいものと認識し、価値あるものはその価値を正しく認めることのできる心」だと。素直さは成長するために欠かせない心だと、改めて感じます。

素直な人は心が真っ直ぐで柔らかいので、共通した特徴があると言われています。それは、「出会った人に興味を持つ」「物事を面白がる」「相手を認める」ということです。人に興味を持ち、何でも面白がり、自分とは違う価値観を認めていくことができる素直さ。これは、なかなか難しいと思うのですが、普段は自分のほうに向いている興味のベクトルを相手のほうへと変えます。そうすると、違った景色が見えるはずです。その景色に興味、関心を持ち、「いいね」と言えるポイントを見つけるまで、しっかり眺めます。そんな違う景色を俯瞰で眺める習慣は、自分の心を素直にするメンテナンスにもなると思います。素直な人は第一印象から純度の高さを感じ、透明感があります。そんな真っ白で柔らかいところに光が集まってきて、幸せを引き寄せていくのです。

場に調和する

振る舞いかた

PART 4

29
manners

食事の作法は一生ものの財産

レストランでのマナーは、「知っているようで知らない」「合っているのかどうかわからない」「今さら聞けない」という方も多いのではないでしょうか。

まず、T（time：時）、P（place：場所）、O（occasion：場面、機会）の3要素を考えると思いますが、接待ともなれば、さらに2つのP（person：相手／position：立場）も大切です。

自分がどのような状況で、どのような服装や言葉遣い、振る舞いが求められるのかを顧慮するためです。

私の世代は社会人デビューしたときから、「接待」と言われる「仕事」を体感することが多かったので、お客様や取引先のためにお店のアテンドから帰りのお車の手配まで、先輩、上司の指示を仰ぎながら行っていました。ですから、一流と言われている店で、おもてなしをする側を数多く経験し、ひと通り勉強することができました。

また、おもてなしされる側の方々の装いや立ち居振る舞いのマナーまで、この目で見ることができたことはラッキーでした。

しかし、今は、そんな機会もめっきり減ってしまいました。接待はなくなり、カジュアルな会食に変わりつつあります。ですから時には思い切って、一流と言われる店で食事をする機会を自ら作り、勉強してみるのも大人のマナーを学ぶための大事な投資かもしれません。

ドレスコードがある場合は、それを遵守することが求められますが、どれくらいフォーマルであるべきかという基準を守ることは礼儀作法でもありますから、まずは服装を間違いなく選ぶことで、その場にふさわしい所作が伴うのだと思います。迷ったときはジャケットを着用、またはフォーマルなワンピースを選びカジュアルすぎないようにします。

インターネットで調べたスマートな洋食器やナプキンの使い方を実際にやってみると、「わかる」と「できる」は違うということを痛感します。そして、周りのお客様のマナーをさりげなく観察してみることは、自分の目線を底上げしてくれるはずです。

最初から上手に振る舞えることはないので、まずは、NGや最低限の決まりごとだけでも覚えておくことが大事かもしれません。

洋食の場合、「ナイフの刃は相手に向けない」「料理は左側から食べる」「食事中に席を立つときは、ナプキンを軽くまとめて椅子の座面に置く」など、○月○日と予約をしてしまえば、恥ずかしい思いをしないようにと準備をするスイッチが入ります。

マナーは、実際にやってみる

ことでしか身につかないからです。

わからないことは、恥ずかしがらずにスタッフに聞いてみることも大事です。初めての場所には発見も刺激もあります。

あるレストランのサービススタッフが、椅子を引いてくれた席が出入り口に近く、下座ではないかと思ったことがあります。しかし、その席は満開の桜が一番美しく見える席で、出入り口に近くても上座だと納得しました。

机上で覚えたことは、実際の場面とは違うケースがあります。まずは、自分の興味の持てるものから、スタートしてみるのもおすすめです。

茶道なら、着物や和室でのマナーを学ぶことができますし、私は、ワインの知識を学ぶ教室に通うことで、グラスの持ち方からカトラリーのマナーまで、基本を教えていただきました。

食事の作法が一流になれば、一生ものの品格となります。

私はお客様から1000円のランチに10回行くより、10000円のコース料理を食べる機会をつくりましょうと教えていただきました。
値段以上の大きな付加価値が得られます。

POINT

一流のお客様に学んだ気づかいポイント

自らお金を出してでも最上級を経験しておく

一流ホテルで学んだマナーの本質

海外で、一流と言われるホテルに宿泊したときのことです。タクシーがエントランスの前に止まり、ドアマンが扉を手で押さえ、「Welcome」と微笑みながら、私の荷物を持って案内してくれます。

「これくらいの荷物、自分で運べるから大丈夫」と、若い頃は、自分で荷物を運んでチェックインしていました。けれど、お客様から、「それは、一流ホテルに滞在する醍醐味を味わわず、相手がチップをもらう

30

manners

機会をも奪っているのでは？」と言われ、はっとしました。

日本でも展開するザ・リッツ・カールトン ホテルカンパニーは、「紳士淑女をおもてなしする私たちもまた紳士淑女です」がモットーです。すべてのスタッフが常に最高レベルのサービスを提供するという姿勢が表れています。今思えば、そんな紳士のプロとして差し伸べられた手を振り払い、淑女らしからぬ態度で、ドタドタと荷物を持って歩き、ホテルの一流のおもてなしに敬意を示すこともなく、宿泊していたのだと思います。

旧ホテルオークラ東京（現在は、建て替えられ「The Okura Tokyo」）に宿泊した際は、部屋のテーブルの上に和紙の折り鶴が置かれ、その愛らしさに客室係の方の温かさを感じました。客室の清掃状態で、そのホテルのクオリティがわかりますが、隅々まで完璧でした。

そのお気持ちに応えたいと、チェックアウトの際も見苦しくならない状態を心掛け、ベッドの掛け布団を整え、使用済のタオルやバスローブは軽く畳んで、洗面所やバスルームにひとまとめにしておきました。「チェックインした瞬間から、チェックアウトした後も美しく」という精神が、そのお気持ちに対するマナーだと思いました。

海外ではチップを置きますが、日本でも素晴らしい滞在になったと感じたときは、「ありがとう」と書いたメッセージカードを残したり、チェックアウト時にコンシェルジュに感謝を伝えると、旅のよき思い出として心に刻まれます。

旅館でのマナーでは、「心づけを差し上げるべきか?」と迷いますが、日本の旅館もホテルもサービス料に含まれているので、特別なサービスを受けたとき以外は、基本的に不要だと思います。けれど、子どもや高齢の両親と一緒に滞在するときや、あらかじめ手伝いをお願いするときなどは、お部屋にご案内していただいたときに、ポチ袋に入れて、「よろしくお願いします」とひと言添えて、お渡ししてもよいと言われています。

義父の長寿のお祝いで山形の旅館に宿泊した際、お見送りでは女将はじめ、多くの従業員の方が赤い花飾りのついた花笠を手に、花笠音頭の唄と笑顔で、いつまでも手を振り続けてくれたとき、義父も私も感激し、思わず、東京に帰ってからお礼のメールを送りました。

接客も接遇も、思いやりをベースにした人と人とのふれあいです。その場が心地よくなるよう、相手への敬意や感謝を忘れずにいることが気持ちの温まるマナーなのかもしれません。

POINT

一流のお客様に学んだ気づかいポイント

一流のおもてなしから一流のマナーを学ぶ

和室では足元にご用心

31

manners

あるとき、接待場所が料亭だとは知らず、ロングブーツを履いていった私は、脱いだり履いたりに時間がかかり、先輩を待たせてしまったことがあります。

また、夏は素足にサンダル履きということも多く、急なお誘いで出席した会食が和食で座敷。素足で座敷に上がることができず、ストッキングを買うためコンビニを探して、炎天下の中を走り回り汗だくになったこともあります。

そんなとき、ある先輩と接待で同席しました。和室に入る前にストッキングの上から、白い靴下を穿いた先輩を見て、びっくりしたことを覚えています。

畳を汚さないという配慮から、正式な足袋の代わりとなる白い靴下を穿いて上がるのが礼儀とされていることは全く知りませんでした。

できる大人の女性は、白の靴下を持ち歩くのかと驚いたものです。

しかし、先輩いわく、接待時に先方に女性がいらっしゃる場合は、控えたほうがよいとのことでした。それを知らない場合、恥をかかせることになるからです。これも大人の配慮だと、さらに驚きました。和室の場合、足元はポイントとなるのだと思いました。

座敷に上がる場合、靴は部屋の正面に向かって脱ぎます。日本のマナーでは、家のほうにお尻や背中を見せることは失礼にあたると考えるためです。上がったら、部屋に対して背中を向けないように、斜めに身体を向けて片膝をつきます（片膝をつくので、ミニスカート、胸元が大きく開いた洋服は避けたほうが安心です）。そして、脱いだ靴を揃えて、下駄箱のほうへ踵を向けておきます。

このとき、私の靴の中敷きが古くなっていて恥ずかしかったことがありました。普段から、中敷きは新しいものを用意しておくことが大事だと痛感しました。靴が新品でなくとも中敷きが新品なら、脱いだ靴は美しく見えるのです。

靴は小さい面積ながら、その人の印象を大きく左右するもの。普段からの手入れが品の良し悪しの決め手となります。和室のときは、特に靴に注意を払いたいですね。

POINT

一流のお客様に学んだ気づかいポイント

和室では靴にも注意が必要

挨拶するときは立ち止まる

32

manners

ある会社では、3つの躾《しつけ》として、

①挨拶をする、②履き物を揃える、③掃除をするということを社員にマナーとして徹底していると聞きました。

挨拶は、よりよい人間関係を築く一歩であり、履き物を揃えることは、先々のことを考える気配り、そして掃除は、物事のけじめをつけることだということでした。

この3つの当たり前のことを毎日、当たり前にやることで、美しい精神が育まれるのではないかと感じます。躾とは「身を美しく」と書きます。

挨拶という字も、「手を広げて相手のほうへ向かっていく」という意味があるそうです。

コミュニケーションスキルが高い人は、初対面の挨拶のときに、手も表情も心も広げていて、全身でオープンマインドを表現しています。

「あ・い・さ・つ」は、語呂合わせで、「あかるく、いつも、さきに、つづけて次の言葉を」と言われていますが、挨拶の達人は、＋αの言葉（続けて次の言葉）が秀逸です。

「髪切った？」は、タモリさんのキラーワードだと聞いたことがあります。この言葉は、「前に会ったときのことを覚えています」というメッセージであり、人の承認欲求を満たしてくれます。

「○○さん、こんにちは」と、相手の名前を呼ぶだけでも、承認欲求は満たされます。

明日からできる簡単なマナーは、挨拶を流れ作業にしないこと。「ながら挨拶」は、ぞんざいな印象になってしまいますから、立ち止まってから丁寧に挨拶をするだけで、印象が変わると、お客様のお辞儀から学びました。

日本はお辞儀文化なので、省略しないで、丁寧な挨拶を心がけること。エレガントなお辞儀のポイントは、ゆったりとした動作です。

ゆっくりと頭を下げ、ひと呼吸置いて、ゆっくりと上げる。

このひと呼吸が余裕を感じさせます。言葉を言いながら頭を下げるのではなく、「こんにちは」「はじめまして」と、お辞儀と同時ではなく、お辞儀の前か後に言葉を伝えます。そして、背筋を自然と伸ばし、指先まで心配りをします。

私が憧れていたお客様は、お見送りしている間、去り際の後ろ姿がとても美しい方でした。気を抜かず背筋を伸ばして、美しく歩いていかれる。まるで、背中にも目があるようでした。

「さようなら」と去っていく美しい姿こそ、後に余韻を残し、その人の印象を大きく左右するのだと思います。

美しい余韻が残るような後ろ姿を、私も真似したいと思いながら、いつも見送っていました。

決して「バイバイ」と大きく手を振ったりせず、必ず振り返って目を合わせての会釈をしてくださいます。そして、皇族の方のように控えめに手を挙げてくださり、「ごきげんよう」。その美しい言葉と声、凛とした後ろ姿を今でもふと思い出します。

POINT

一流のお客様に学んだ気づかいポイント

去り際の美しい後ろ姿で余韻を残す

33
manners

美しいしぐさは手を揃えることから

テーブルの上に新聞やＤＭ、雑誌などが、あちこちに散らばっていると想像してみてください。これらの向きをきちんと揃えて、１カ所にまとめておくだけで美しく見えます。

バラバラだと雑然として見え、揃えてまとめると整然とした印象に変わります。

同じように、「揃える」「まとめる」は、人の仕草でも美しく見えるポイントだと、茶道の先生だったお客様から教えていただきました。

例えば、座るとき、膝の上に置いた手は、「揃えます」。そして、指は開かず、「まとめます」。

私は、接客の際、お客様のお召し物やお鞄をお預かりすることも多かったのですが、そのときは必ず、揃えた両手でお預かりしていました。名刺交換や金銭授受の際は腰から上、両手で扱うことが鉄則でした。揃えた両手でものを扱うことを意識するだけで、所作は変わるのだと知りました。

人の目につきやすい飲食の場面でも、指先にまで気を配ることで、丁寧な人という印象になります。

ものを持つときは、もう一方の手を添えます。「添える」を意識するだけで優雅になります。

例えば、水の入ったタンブラーを持つときは、手指を揃えて、空いたほうの手を底に添えます。このとき、がっちり握るように持つとエレガントではないので、そっとはさむように持ちます。

携帯電話もがっちり掴んで持つのではなく、手を添わせるように持つときれいです。

そのお客様は、バッグの持ち方もエレガントでした。

ハンドバッグは、いつも手に持つことはなく、肘を折り、腕にかけてもたれました。そのとき、ちょうどウエスト位置くらいにバッグがくるように、逆手ではなく、順手でも持たれます。

また、ショルダーバッグは、ストラップに軽く手を添えて、指を伸ばして持ちます。

そして、バッグが自分の身体より後ろの位置にならないようにします。

手というパーツには、雄弁な表情があるように感じます。

美しい所作の方は、手指が重要だとわかっていらっしゃるので、指先は、特にきれいにされていました。手を美しく長く見せてくれるフレンチネイルを好む方が多かったことを覚えています。

手は、自分で見るよりも、他者からよく見られる場所で、その人の品格をも表します。

品格は、端に表れると言われているからです。髪、手、靴と、端までケアができているということは、隅々まで気配りができる証なのです。

ポイントは、清潔感と艶。

手のケアは、顔と同じように、クレンジング↓化粧水↓クリームの順番で手入れし、マッサージをして血行をよくすると、手も若返ります。

美しい手の所作を意識するためにも、美しい手指のケアから始めてみてはいかがでしょうか。

POINT

一流のお客様に学んだ気づかいポイント

常に「揃える、まとめる」を習慣にする

34
manners

相手にどう見えているかという視点を持つ

「鏡よ鏡、この世で一番美しいのは誰?」と言ったのは白雪姫に出てくる女王様です。このシーンは、誰もが幼心に「醜い」「怖い」という感情とともに刻みつけられているかもしれません。大人の女性が感情的になること、嫉妬を表に出すことは醜いし怖いからです。

「感情を出す」ことと「感情的になる」ことは違うと教えられました。

思わず感情が表に出てしまうことは誰にでもありますが、「感情的になる」とは、自分を見失っている状態です。自分の感情に囚われて、周りが見えなくなっているときは、文字通り、感情という四角い箱の中に人（自分）が飲み込まれてしまっているのではないかと思います。

エレガントな人は、いつも平熱です。熱すぎたり、冷たすぎたりすることはありません。皇族の方々のエレガントな言動は、感情を控えめにされているからではないかと思います。平安時代、高貴な人は額に眉を描いていました。眉は感情の出るパーツなので、自分の眉を消したのです。地位の高い方は、感情を完璧にコントロールしています。

ビジネスマナーでも「表情は自分のものではなく、相手のもの」と教えられました。

自分では見えない表情は、自分でコントロールすべきマナーなのです。コントロールするためには、自分で鏡を見て、どんなふうに口元や眉、表情筋を動かすとどんな表情になるのかを記憶することです。

仕事や人付き合いで、内心は熱くなることがあっても、外見は常温を保つことが、一緒にいる人達への気配りかもしれません。

近年、「アンガーマネジメント」という怒りのコントロール方法が企業研修でも取り入れられるようになりました。

自分の怒りを感じたら、まず6秒カウントすると怒りを静める効果があるそうです。「1・2・3・・6」と、ゆっくり数えながら、心の鏡をピカピカに磨いているところを想像します。

ピカピカの鏡は、自分の本当の姿や物事の本質を冷静に映し出してくれるでしょう。すべてに余裕のある人は、「自分がどう見えているか」を映し出す鏡が曇っていないのです。

POINT

一流のお客様に学んだ気づかいポイント

感情のコントロールは超一流の気づかい

周囲に流されない凛とした美しさとは

ある商店街で下校時の女学生達と遭遇しました。

私立の有名校で、皆、制服の着こなしもきちんとしていて、上品さにあふれています。

そのとき、ひとりの女学生が、「私は、帰るね」と、寄り道をしようと誘う友達に、きっぱりと言う姿を見て、はっとしました。

そう言えば、私も中学生のとき、寄り道や買い食いをしない友達がい

35
manners

たなと思い出したのです。両親から、「行儀が悪い」「はしたない」と言われているからと、同じようにきっぱりと言ったのです。

「はしたない」とは、「慎みがなく無作法なこと、品格に欠けたりして見苦しいこと」などとあります。寄り道や買い食いをすること自体、品がなく、はしたないことだとは思いませんが、制服を着ているときは、「公の場」だという躾があって、その躾を破ると、両親に迷惑をかけてしまうと考えていたのだと思います。その友達は、物への執着や物欲もあまりなかったように記憶しています。

彼女は人が持っているものを羨ましいと言ったり、同じものを欲しがったりすることもありませんでした。

「はしたない」という意味は、他に、「どっちつかずで、中途半端なさま」「しっくりしない」「きまりが悪い」とあります。まさに、人に惑わされて、どっちつかずの態度をすることはなかったのです。どっちつかずの態度は、何だかしっくりしないし、きまりが悪いと知っていたのでしょう。

品格というものは、「半端なことはしない」と自分への規律を守ることから、育まれるのかもしれません。規律を守っている人はＢＢＱやキャンプなどのカジュアルな場面でもわかります。リラックスすることと、だらしなくなることは違うからです。

お客様は、サードプレイスと言われている場所で仕事をしていても、家ではないという意識、公共の場としての振る舞いを意識しているとおっしゃいました。きっと、後ろの人を待たせないようお会計もスムーズ、後片付けも完璧で、不必要に長居をしない。人に迷惑や厄介をかけない振る舞いが身についているのだと思います。

そんな凛としたぶれない生き方に、品性は宿るのだと思います。

POINT

一流のお客様に学んだ気づかいポイント

公共の場での振る舞いを心得ている

36

manners

ドアの場面でアテンド役にまわる

ドアにまつわるマナーは様々ありますが、やはり「ガシャン」と閉める際に大きな音がすると、乱暴な人、がさつな人という印象になってしまいます。

閉めるときは、一回できちんと閉めようとすると音が大きくなる恐れがあるので、閉まる直前で一回止めて、最後は両手でゆっくりと確実に閉めるという2回方式がエレガントです。

私は、お客様を別のフロアにあるショップにご案内する際、一緒にエレベーターに乗ってご案内することもありました。

その際、基本は、お客様を「先入れ、先出し」だと教わりました。扉が開いたら、「開」のボタンと扉をそれぞれ手で押さえながら、お客様に先に入っていただきます。

そして、自分が後から入って操作盤の前に立ち、ドアの開け閉めをコントロールします。

目的の階に到着したら、お客様に先に出ていただきます。「開」のボタンを押しながら、もう一方の手で扉が閉まらないように押さえ、「左手でございます」と、目的の方向をお伝えします。

そうしないと、お客様が出たところで立ち止まって、待つことになるからです。

「待たせること」がないように、配慮することも大切なマナーです。

また、複数のお客様をご案内するときは、「お先に失礼いたします」

とひと言添えたうえで、先に自分が入り、操作盤の前で「開」のボタンを押し、扉を手で押さえ、全員が無事に入ったことを確認してから、「閉」のボタンを押します。操作盤の前が、エレベーターの下座ですから、常にこの場所に立ちます。

普段の生活でも会社や街の中でエレベーターを利用することがありますが、率先して操作盤の前に立ち、「何階ですか?」と知らない方にも声を掛け、扉の開閉をかって出てみてはいかがでしょうか。そうすると、知らない人が降りるときに、ありがとうと言ってくれたり、笑顔で会釈してくれます。ありがとうや笑顔を受け取るとラッキーポイントが加算されていって、いいことがあるような気がします。

POINT

一流のお客様に学んだ気づかいポイント

音を立てない、待たせない思いやりを実践する

知っておきたい ゲストの目線、ホストの目線

目上の方のお宅にお邪魔するときに気をつけなければならないマナーは、いくつかありますが、まずは訪問時間です。

ビジネスの場合は、訪問する企業の受付に5分前に到着することを心がけますが、個人宅では、時間通りよりも、やや遅れ気味の5分後くらいのほうが望ましいと思います。

普段から人の出入りが多いご家庭でない限り、準備でバタバタとして

37
manners

いますから、この5分遅れは大人の配慮です。

また、11時30分を過ぎると昼食が気になりますので、それよりも前に退出します。また同様に、17時を過ぎると夕食が気になりますので、14～17時前までの訪問が望ましいと思います。

手土産は、応接室やリビングに通されてから渡します。お店の袋に入っているものは、出してから渡すのがマナーです。

また、ソファや椅子の座面にコートや大きなバッグは置かず、床に置きます。

初めて訪れたお宅なら、「素敵なお宅ですね」「きれいなお庭ですね」など、ジロジロ見るだけではなく、いいなと思ったところを言葉にして伝えます。

お客様をお迎えするホストの時は、とにかく玄関をきれいにします。

店頭でも、お客様をお出迎えすることは、「親しい友人を自宅に招くことと同じ」だと教わってきましたので、エントランスの掃除を徹底することは、朝の習慣でした。

エントランスを美しく整えることで、プロとしてのスイッチが入る感覚がありましたし、その日を皆が気持ちよく過ごすための当たり前の儀式になりました。

玄関は家の顔ですから、お化粧をします。歓迎の気持ちを表すため、ドアやノブの汚れを拭き取り、季節の花を飾ります。

ホテルのエントランスでも見事な花が出迎えてくれるように、小さくても素敵な花はお客様の目を楽しませてくれます。

そのとき、少しだけ季節を先取りしたものが、ふさわしいというルールがあります。梅雨の終わりに夏の花を、晩冬に春の花が飾られていると粋に感じます。

そして準備が整ったら一度外に出て、お客様目線で家の中に入ってみます。

玄関、廊下、リビングだけでなく、トイレや洗面所などの水回りを、招かれた立場に立ってみてチェックします。これは、一流の旅館や料亭などで行われていると教わりました。トイレや水回りは毎日3分だけでも汚れを取り除いておくといざ来客というときに焦ることがありません。

美しく水のまかれたエントランスに、一流のプロ意識を感じるお店があります。パリッとした暖簾に磨かれた扉。もてなす側の一流のプライドが玄関に表れています。

ホストの目線とゲストの目線、両方の目線で見ることができてこそ、「気配り」も一流になれるのだと思います。

POINT

一流のお客様に学んだ気づかいポイント

訪問の場面ではプロのおもてなしをまねる

お客様だからいいと考えない

38

manners

素敵なお客様は、買い物にいらっしゃるときも、きちんとした装いで来客されました。その装いは、ブランドの世界観や空間に敬意を払っていることを感じさせてくれました。

もちろん、勝手に店頭品を触ったりしませんし、手に取るときも丁寧に扱ってくれました。長い爪やささくれた指先は、繊細な素材を傷つける恐れがありますから、指先はきちんと手入れされ、靴も美しく磨かれていました。

試着室には脱いだ靴を揃えて入り、出られた後も美しいのです。

そして、お好みに合わず、買わない選択をされる際も、「残念ながら、着てみるとイメージが違ったわ。ごめんなさい」と、はっきりおっしゃり、「たくさん出してくれてありがとう。また、伺いますね」と気づかってくださいました。

ほんの小さなひと言、ほんの小さなひと手間で、私も気持ちが上がり、「こんな素敵なお客様に指名される、素敵な販売員になりたい」と思うようになりました。

そんな経験があったからこそ、買い物に出かけるときは、身だしなみを整え、必ずフルメイク、脱いでも恥ずかしくない靴で出かけます。

フルメイクでないと、スーツやコートなど、メイクをして着る服を選ぶとき、似合っているのかどうかが判断できないからです。

「よい買い物ができた」と思うときは、売り手も買い手もマナーを心得ていて、お互いが満足できるコミュニケーションができたときです。

そんな意識の高いお客様のマナーに触発され、「私達もマナーの質を上げて、質の高い接客で喜んでいただこう」と思わせてくれました。

インターネットでの買い物が主流になりましたが、本当に満足できる気持ちのよい買い物は、素敵なマナーとコミュニケーションがベースにあるのです。

POINT

一流のお客様に学んだ気づかいポイント

マナーとコミュニケーションがよい買い物の鍵

39
manners

写真が苦手な人こそ意識してみたいこと

スマートフォンの普及で、写真を撮る機会も撮られる機会も増えました。写真写りのよい人は、普段から、基本マナーである立ち居振る舞いや仕草が美しいと感じます。

立ち姿のポイントは、身体を斜めにして背筋を伸ばし、肩を開くようにして立ちます。手は自然に前で組みます。

どちらを向くかは、誰にでも自信の持てる角度と持てない角度があると思いますので、自撮りであらゆる角度から自分を撮影してみて、ベストアングルを研究しましょう。

緊張のあまり、リラックスした自然な笑顔ができないときは、大きく深呼吸します。

「あぁー」と大きく口を開けて息を吸い、「ふぅー」と思いっきり吐く。

写真を撮るとき、よく「チーズ」と言いますが、自然な笑顔で写れないときも多いので、このリラックス法を教えてもらってから、私は、「あぁーふぅー」と息を吐き出し、口元をリラックスさせます。

手の置き場に困ったときは、そっと頬に手を添えると気になるフェイスラインもカバーできて、小顔効果もあります。

そのときに、指先で、ちょっと目尻を上げるようにすると目元が5歳若返ります。

そして、これは写真のプロに教えてもらったのですが、表情豊かに見せるには、目の表情が大事ですから、キラキラした瞳を演出するために、撮影の前には「一度目を閉じて、ぱっと開く」と潤いを感じさせる瞳になるそうです。

「目は口ほどに物を言う」と言われますが、キラキラした瞳の人は、人を引きつけるエネルギーも感じます。

気持ちがキラキラしているから、その光が内側からのハイライトのようになって、瞳をより輝かせるのでしょう。

そして実際の瞳にも光が入るように、明るいほうを向いて、やや上向きに。

うつむかない、暗いほうを見ない、そんな日常の心持ちが、気品のある写真写りにも繋がるのだと思います。

POINT

一流のお客様に学んだ気づかいポイント

写真の写り方にも美意識を持ち、気を抜かない

美に触れて心を切り替える〜視覚は五感の王様

いつもご機嫌でいる人は、切り替え上手です。

気持ちが落ち込むとき、イライラしてしまうとき、自分をご機嫌にする切り替えスイッチを持っている人は、人づきあいも上手ですし、仕事も早いと感じます。

イライラした一日も、ワクワクした一日も、同じ一日です。人生の貴重な時間を費やすなら、一刻も早くイライラをワクワクに変えたほうが、お得だと思いませんか？　イライラはミスや不運を引き寄せ、ワクワクは出会いや幸せを引き寄せるからです。

傷つく言葉を浴びせられたり、理不尽なことが降りかかってきても、引きずらず、切り替えていくには、美しいものを求めて、視覚の美にスイッチングしていくことです。

五感は、視覚、聴覚、嗅覚、味覚、触覚ですが、その中でも視覚は、五感の王様と言われています。ですから、まずは、視覚から意識的に変えていきます。「美しい」と感じるものを見るだけで、スイッチが切り替わり、脳が喜ぶのです。

職場でなら、屋上に上がって空を見たり、休憩時間に非日常感のある旅行動画を見たりします。

会社の帰り道には、素敵なブティックの建ち並ぶ通りでウィンドーショッピングをしたり、憧れのホテルのカフェでお茶をしたりと、目に入ってくるもののグレードが上がると、自分の目線が底上げされ、自分を一段高いところに置ける感覚になります。

週末に、美術館や博物館で芸術や文化に浸るのも気分が上がります。私は、芸術や文化には詳しくありませんが、芸術や文化は、気分がどん底になったときに必要なものではないでしょうか。誰もが映画や舞台を観て栄養をもらい、充電してもらったことが何度もあるのではないかと思います。

それは、素晴らしい感性やオーラ、プロとしての技術や生き様を、すり減った心がキャッチし、プラスのオーラを電気のように受け取るからだと思います。

私が働いていたハイブランドショップに並ぶ商品は、芸術品と崇めるものがたくさんありました。

ひとつひとつ時間をかけて丁寧に取り付けられたビーズや刺繍の素晴らしさ、熟練された職人の手でほどこされた正確で美しいステッチは、私を元気にしてくれました。それは、仕事で辛いことがあったときの、前を向く原動力のスイッチでした。

このスイッチを忘れまいと、私は、美術館に行くと、お気に入りの絵や作品のマグネットを自分のお土産に買い、それを冷蔵庫の扉に貼っています。この絵や作品が生まれるまでの尊い時間や多くの人々に愛され続けてきた歴史を感じることができると、一瞬、非日常感に浸り、幸せな気持ちになります。

美しいものを産み出す源泉は、美しい心です。

嫉妬や妬みなど、他人のネガティブな感情を浴びてしまったときは、芸術や文化のオーラで洗い流しましょう。

あなたが美しいものに触れる毎日を送っていれば、心のハッピーグレードは上がっていきます。

そんなご機嫌なあなたを、もう誰もぞんざいには扱えなくなるのです。

信頼される
人になる

気づかい

PART 5

40
manners

贈り物は一番喜ばれる時期を考える

季節の挨拶に誕生日、出産、入学、長寿のお祝いなど、公私にわたって贈り物の機会が多いのが日本の文化です。

私は販売スタッフとして、お客様の贈り物選びのお手伝いをしていましたが、贈るタイミングは特に重要だということを知りました。

例えば、出産祝いなら出生後3週間ごろを目処に、入学祝いは入学式前までにと、お客様の贈り物選びは、誰に、何をだけでなく、「いつまでに」ということを大切になさいました。

百貨店に勤務しているときは、かしこまった贈答品にはかけ紙（のし紙）を希望されることが多かったように思います。

かけ紙は、贈る品、贈り主の心も清らかなものということを表しているそうで、「汚してはいけない」と、緊張しながら扱ったことを覚えています。

贈り物上手なお客様は、ギフトにしたいと思うような商品が入荷すると、まとめて買っていかれます。お付き合いや人の出入りの多いお宅では、常にギフトや手土産のストックが欠かせないのです。割れ物やかさばるものは、選ばれません。

そして、プレゼントを選ぶとき、迷ったときは値段の高いほうを選ばれます。もちろん、すべて高いほうがいいとは限りませんが、迷っているときは、どちらも同じくらいよいと思っているはずです。ですから、せっかくなら、よりよいもの、より喜んでくれるものを贈りたいという心意気が、高いほうを選ばせるのではないかと思いました。大切な人に贈り物をする気持ちは、ディスカウントしたり、ケチったりしないのです。

相手に喜んでもらいたい、何がいいかな？　と、プレゼントを選ぶ時間も相手へのギフトです。プレゼントをいただいたときは、この時間を相手が自分のために使ってくれたことが、何より嬉しいと感じます。そして、手書きのメッセージが添えられていると感激もひとしおです。

相手の好みや欲しがっているものはないか？　健康上食べられないものはないか？　など、事前のリサーチは欠かせません。

相手に喜んでもらうためには、相手にとって好ましいものである必要があります。

いつもお菓子を差し入れしてくださったお客様が好まれたものは、歴史ある老舗のものでした。伝統と格式のある店は信頼で成り立っています。そんな店の看板商品は、多くの人々から長く応援されてきたもので、たくさんの人のパワーが宿っていると考えていて、そのパワーも一緒に贈りたいというお気持ちだったのです。そのお話を伺ってから、私も老舗のものを定番として選ぶようになりました。

贈り物は、相手を思う気持ちを贈るもの。普段から、どうしたら相手が喜んでくれるかを考えている人は、双方がハッピーになれる贈り物上手だと思います。

POINT

一流のお客様に学んだ気づかいポイント

大切な人への贈り物はディスカウントしない

手土産は話のきっかけになるものを

初めてお会いする方のお宅にお邪魔する機会がありました。

お好みも家族構成もわからず、大げさな手土産は、かえって先方に気を遣わせてしまうと考え、季節の花を選んで小さな花束にしてお持ちしました。

2000〜3000円くらいのお菓子や花束なら、「お返しはどうしよう」という気を遣わせず、喜んでいただけるのではないかと思います。

41

manners

また、あるときは、友人の知人宅でクリスマスパーティーがあるということで、お誘いを受けました。

そのときは、アメリカのパーティー文化のひとつである「ポットラック・パーティー」でした。Potluckとは「持ち寄り」という意味で、参加者がそれぞれ食べ物やデザートを買ってきたり、つくってきて、皆で一緒に食事をしましょうというものです。

例えば、前菜やサラダ、デザートなどを各自が選ぶのですが、これはセンスが問われるなと、かなり悩みました。

役割分担がされ、私はデザート担当でした。見た目が美しく、話題性があるものをと考え、東京初出店の京都の和菓子店に足を運び、お持ちしました。

お客様に相談したところ、東京ご出身の方に、京都の和菓子は希少価値を感じて喜んでいただけるのでは？　とアドバイスをいただいたからです。

また、クリスマス時期には、ケーキなどの洋菓子を召し上がる機会も多いので、あえて和もよいのではないかと。

そのお宅は公園に隣接した豪邸で、広いリビングにインテリア雑誌で見たことのあるイタリア製の家具が並んでいました。ゴージャスな雰囲気に圧倒され、手渡すときに思わず「つまらないものですが」と言いそうになりましたが、「東京初出店の京都の和菓子です。美味しいと評判ですので、お持ちしました」と、できるだけポジティブな言葉を添えました。謙遜する言い方より、素直に気持ちを伝えるほうが喜んでいただけるのではないかと思ったからです。

見た目で盛り上がれるもの、初出店や限定品、ＳＮＳで評判になっているものなどは、話のきっかけとなります。

前菜担当の友人は、スペインの生ハムを扱う話題の専門店で、何種類もの珍しい生ハムを買ってきて、解説つきで、ひとりひとりにサーブしてくれました。

料理が得意で食材にもこだわる友人ならではの、他の誰にも真似のできないチョイスだなと思いました。

普段から、料理に関してはアンテナの感度を高くして、情報をキャッチしたりアップデートしたり、実際に味わっているからこそ、間違いのない選択ができるのでしょう。

何かひとつでもいいので、「これに関してはちょっとこだわりたい」というものに投資して知識も経験も深めておくと、あなたの個性として輝くのだと思います。

POINT

一流のお客様に学んだ気づかいポイント

相手の特性や嗜好、季節感を考えて選び抜く

42

manners

いただきものには、何より早くお礼を伝えること

贈り物や手土産をもらったとき、リボン付きのものであれば、「開けてみてよろしいでしょうか？」と言って、その場で開けるのがマナーです。

このマナーが、とても素敵だなと感じたシーンがありました。

あるメゾンでのファッションショー。ゲストとして来られた女優さんが立ち去る際、ファンの方が贈り物をしようと声をかけました。

クールな印象が強い女優さんでしたが、そのとき、マネージャーさんが代わりに受け取ろうとしたのを制止し、わざわざ立ち止まり、「ありがとうございます。開けてもいいですか?」とその場でリボンを解き、箱の中を見て、「わぁ、かわいいですね」と笑顔でおっしゃいました。そのとき、「何て誠実な方なんだろう」と驚きました。

お礼は何よりもスピードが命。時間が経てば経つほど誠実さが感じられず、相手に「喜んでもらえなかったかな」と、余計な心配をかけてしまいます。

贈り物選びは、誰もが時間もエネルギーもお金も使って、喜んでもらいたいという気持ちを込めているはずです。

ですから、感謝の気持ちをいち早く伝えることが、その思いに応えることになり、人との繋がりをあたたかみのある絆にしていくのだと思います。

のし付きや包装されているものは、その場では開けず、開けてからお礼の気持ちを改めて伝えます。

結婚や出産、入園、入学、新築などのお祝いをいただいた場合、お返しを用意する場合も多いかと思いますが、金額の目安は1／3〜半分で、もらったもの以上のものをお返しするのは失礼に当たると言われています。

忘れたころにお返しが届いたり、あまりに早いと待ち構えていたみたいなのでと、1ヶ月以内を目安とするのが一般的です。

私は、姪が出産した際、とても嬉しくて、お祝いの品を頻繁に贈っていたのですが、届くとすぐに、洋服なら着せた写真、おもちゃなら遊んでいる動画を送ってくれたりと、その写真と動画が何よりもうれしかったことを覚えています。

「健やかに育ってほしい」という気持ちが届いていると感じたからです。

レスポンスの早さは、相手への思いやりです。

忘れた頃に、豪華な内祝いのお返しの品が届いても、こんなにうれしくはなかったでしょう。お返しは過分なものをいただくと、申し訳ないなと感じてしまいます。

親しい方からのお祝いは、「物入りなときだから役立ててほしい」「元気な顔を見せてほしい」という気持ちが大きいので、その気持ちに比例して高額になってしまうこともあります。その金額に対して、きっちりと半額程度のお返しをするより、半額より控えめの金額で会食の機会を設けたりするほうが、うれしいのではないでしょうか。

温かみのあるリアクションを心掛けることは、お返し上手になるマナーも磨くことになるのだと思います。

POINT

一流のお客様に学んだ気づかいポイント

写真や動画での早いレスポンスを大事にする

43
manners

小さなサポートをどんどんプレゼントする

人付き合いでは「ギフトの気持ち」が仲良くなれるポイントだと思っています。

これは、「仲良くなりたければ何か物をプレゼントしましょう」ということではなく、相手の役に立つことを自ら進んですることが、人付き合いに必要なギフトだと思います。

頻繁に旅行に出かけていらっしゃったお客様は、日本だけでなく海外のホテル事情にも詳しく、夏休みをとるスタッフに、いつもホテル選びのアドバイスをくれました。

ですから、そのお客様がいらっしゃると、夏休み前のスタッフが集まってくるのです。

そのお客様のお顔と名前はもちろん、お好みまで全員が覚えることとなり、「これは○○様にぴったりね」とお好みの商品が入ってくると、真っ先に話題に出るようになったのです。その結果、「この店に来るのは楽しみなの」と嬉しそうにおっしゃいました。

相手に有益な情報はギフトですし、ちょっとした小さな親切もギフトです。

職場でも、ちょっとした小さな親切のギフトを、どんどん配ると職場の雰囲気が変わります。

職場では、誰にでもできる小さな雑用や、誰も率先してはやらない細々とした仕事があります。時間が許すなら、どんどんやってあげることがギフトだと思います。

「これ、やっておくね」という、小さなサポートを積み重ねていくと、相手から「お願いしてもいい？」と頼まれることも多くなっていきます。「困ったときに頼みやすいな」と思ってもらえることで、あなたの存在感が増すのではないでしょうか？

もちろん、できないときは、「ごめんなさい」と丁寧に断ることも大事ですが、できるときは、どんどんギフトを渡していきます。

そうすると、本当に困ったときに、こちらのお願いも気持ちよく聞いてもらえるようになります。こんなギフトの交換が人間関係を円滑にし、より良い職場環境をつくることになるのだと思います。

大変そうな人のサポートにまわることは、チームの一員としてのマナーかもしれません。

仕事は、ひとりで結果を出すだけでなく、チームで結果を出すことが求められます。

どんな人とも、実は「持ちつ持たれつの関係」です。けれど、それを忘れてしまっていることも多いなと反省を込めて思います。自らサポートを買って出ることで、人間関係のトラブルは減っていくのではないでしょうか。今日も周りの誰かに、ひとつだけでいいのです。小さなギフトを贈りませんか。

POINT

一流のお客様に学んだ気づかいポイント

小さなギフトを周りの人に惜しみなく提供する

44

manners

お見舞い品は体温を感じるもの選びを

お見舞いで悩むことは「いつ行けばいいか？」「何を持っていくか？」ということではないでしょうか。早く行きたい気持ちはありますが、やはり快方に向かい始めたタイミングが望ましいと思います。訪問したら、なるべく静かに会話を楽しみ短く切り上げます。

お見舞いに、気分が華やぐお花を選ぶことも多いのですが、近頃は、お花のお見舞いを断る病院も増えてきましたので、病院のルールを事前に調べたほうが安心です。

お見舞いの花選びには、タブーも多いので注意が必要です。

鉢植え（寝付くから）、血や葬儀を連想させる赤や白の花、花びらが一気に落ちるガーベラや花首が落ちる椿などはＮＧです。

花は、日常の様々なシーンでギフトにすることも多く、センスがよくて、信頼のおける花屋さんが近所にあると心強いです。

花を贈ることは、前述のようなしきたりを守ることはもちろん、贈る人のセンスが問われるので、目的やイメージに合った花選びをお願いできるところを決めておくことです。

近所の花屋さんと仲良くなり、「花器を持参してもＯＫ」と言っていただき、差し上げたい花器にぴったりの花をその場で生けてもらって病院にそのままお持ちすることもありました。自分で生けるより何十倍も洗練されたひとつの作品となるので、喜ばれました。

病状や病院のルールにもよりますが、その方が大好きで週一で通っていたカフェのチャイティーラテをポットに入れて、季節の果物をふんだんに使ったスイーツと一緒にお持ちしたときは喜ばれました。病院食とは違う、いつもの味や華やかなものはモノトーンのような病院の風景を彩り豊かにしてくれます。視覚や味覚などの五感を刺激するものは、日常のスパイスになります。

あるお客様は触感を重視していて、好みを知っているご友人には、肌触りのいいパジャマをお見舞いの品に選ぶそうです。そして、顔を見て手を握って、ハグをして体温を伝え合うことが、元気の源になるのではないかとおっしゃいました。人の体温をこの手で感じることで、生きている実感が湧くのではないかと、コロナ禍でしみじみ感じました。

あなたの温かさが伝わることが何よりのお見舞いです。

POINT

一流のお客様に学んだ気づかいポイント

温かさを伝えることが何よりのお見舞い

会えない人へおすすめしたいギフト

コロナ禍で、何年かぶりに「手紙を書いた」「年賀状を手書きで書いた」という人が増えたと聞きます。会えない人にお祝いや感謝の気持ちを伝えるなら、やはりメールより手紙でと、ペンを取ることも多かったのではないでしょうか。

直筆の文字は、その人の体温を感じ、見ただけで心が温かくなります。

きちんとした手紙やお礼状でなくとも、ちょっとした気づかいに添え

45
manners

たいのがカードや一筆箋です。

書店に立ち寄るときは、併設されている文具コーナーを覗いて、素敵なものがあると買うようにしています。選ぶカードや一筆箋の美しさは、相手をより楽しませてくれると思うからです。

定期的にお茶をしていた友人の誕生日に、コーヒーチェーンのドリンクチケットを贈りました。そのチケットはメッセージが書けるカード型で、下の部分だけが切り取れるコーヒーチケットになっています。封筒入りなので、郵送ができます。

子育て中で、なかなか自分の時間が持てないと言っていたので、大好きなコーヒーをひとりでゆっくり味わう時間を贈りたかったのです。

また、あるお客様は結婚した最初の年、旦那様のご両親が新居に訪ねてくる計画があったのですが、コロナ禍の行動制限で叶わず、残念に思っていました。ご両親の金婚式も一緒に祝う予定でした。

そこで、お肉が好きなご両親に贈ったのは、皆で一緒に行こうと計画していた高級すき焼き店のお肉でした。「今度は、この肉をお店で一緒に食べましょう」というメッセージを添えて。未来の食事会が楽しみになる、素敵な贈り物だと思いました。

この話を聞いて、会えない人には「いつか一緒に行きましょう」という気持ちと未来へのワクワク感を贈ることができる旅行券もいいなと思いました。

感謝の気持ちや相手への思いやりのひと言を添える気づかいは、人間関係をより豊かにします。

「未来も一緒に過ごしましょう」というメッセージは、何よりも嬉しい贈り物です。

POINT

一流のお客様に学んだ気づかいポイント

会えない人には未来の時間を贈る

46
manners

おもてなしを受けて おもてなしの心を知る

「おもてなし」の心は日本人の美徳であり、大人としてのたしなみだと感じる接待を受けたことがあります。

それは、新しく始まるプロジェクトに参加させてもらうことになり、その顔合わせだったのですが、内定した新入社員の方々も接待される側に座っておられ、びっくりしたことがあります。

これから、おもてなしをする側になるための勉強になると、その企業のトップは考えられたのだと思いました。

おもてなしする側の身だしなみや、お出迎えからお見送りまでを、ゲストとして学ぶことができますし、また、自分がこれから働く企業のおもてなしを体感し、身体の芯まで染みこませる貴重な時間になるのだと思いました。

新入社員の方々の働くモチベーションも一気に上がったのは間違いありません。今日という日は一生忘れないだろうと、キラキラした横顔を見ていました。

その場所は、一軒家のレストランでエントランスから玄関までの石畳の美しさに息を飲みました。少し坂を上がっていくアプローチは、気持ちも徐々に上がっていくのを感じました。玄関前でコートを脱ぎ中へ入ると、素晴らしい調度品の数々が目に入ります。照明から絵画まで、波動の高い一流のものを眺めながら席につきました。

ゲストにリラックスしてもらおうと、アテンドやサーブをしてくださる方、ホストの方も終始、笑顔でユーモアがあり、料理の説明も見事でした。

やはり、その場をあたためる雑談力は必要だと感じました。場の力だけでなく、人の力です。ハードとソフト、両方が大事なのだと思います。

和洋中の3人の一流シェフがプロデュースした料理は見た目も味も素晴らしく、ナイフとフォーク、お箸の両方が用意されていて、ホストの方はお箸を使っておられたので、私も気兼ねなくお箸を使いました。

マナーでは世界的に有名なフィンガーボウルの話があります。フィンガーボウルは、指を洗うためにテーブルに置かれた水の入った入れ物ですが、知らずに、ある発展途上国の王様が公式の晩餐会で、その水を飲んでしまいました。周囲がざわつき、あきれたような視線をその王に浴びせる人が多い中、ある国の女王（エリザベス女王とも言われていますが、諸説あります）が、その王に恥を欠かせないように自分も同じようにフィンガーボウルの水を飲んで、その場を和ませたという話です。

マナー違反とは、マナーという型を破ることではなく、形式やルールを重んじるばかりに雰囲気を壊す言動をすることだという教えです。時と場合に応じて、そのマナーの型を破ることも、真のマナーになり得るのです。

しかし、型破りとは、型を知っているからこそできることで、普段から基本の型を忠実に守り、実践できていることが求められます。型を知っていれば、相手に合わせた気配り、心配りができます。

私は、空間、味、会話のすべてを五感で堪能し、夢見心地で玄関を出ると、すでにタクシーが用意されていました。丁寧なお見送りをされ、心のこもった手書きのカードが添えられた手土産までいただきました。

この話をある企業のトップであるお客様に話したところ、「弊社でもおもてなしを学んで実践する機会を設けています」と教えてくれました。

その機会とは、人事部から店頭のスタッフにサプライズをしかけるのが恒例で、その感動を体感してもらい、そして、今度はスタッフからお客様へ「サプライズをしかける」という形で返してほしいという思いから始まったそうです。感動体質になることで、おもてなしの心は育まれるのかもしれません。身近な大切な人にサプライズをしてみませんか。サプライズ上手は、おもてなし上手への近道になると思います。

POINT

一流のお客様に学んだ気づかいポイント

自分がうれしかったことは周囲にも返していく

47

manners

目の前にいる人を最優先にする

スマートフォンが普及してから、スマートフォンのマナー違反が原因で人間関係がこじれることもあります。

例えば、久しぶりに会う友人との時間を楽しみに出かけたカフェ。テーブルの上にスマートフォンを置いた友人は、会話の間も、ずっとメールを待っているようにスマートフォンをちらちら見ている。電話がかかってきたら急いで席を外し、しばらく戻ってこない。会話も上の空で、メールの返信をしているなど、目の前にいる自分より、スマートフォンの方が優先なのねと、悲しくなったことはありませんか？

急ぎの連絡かもしれませんし、何か事情があるのだと思いますが、

「今、この時間を大事にしたい」

「目の前のあなたが、最優先」

ということを伝える社交や人間関係のマナーには、スマートフォンの扱い方に配慮が必要だと思います。

このような場合は「もしかしたら、急ぎの電話（メール）が入るかもしれないので」と、あらかじめ伝えておきます。そして、「1件、メールの返信（電話）をしてもいいかしら？」と了解を得てから、手短に終わらせます。

常にスマートフォンとともに日常が動いていて、肌身離せなくなっていますから仕方がないこともありますが、緊急時以外は、できればスマートフォンから離れ、ゆとりや余裕を持つことで、社交や人間関係はう

まくいくのではないかと思います。きっとお忙しいだろうと思われるお客様ほど、時間に追われることなくいつもゆとりが感じられました。

ゆとりや余裕は、自分も相手も幸せにするスペースであり、時間は、最高のギフトです。

そのスペースを作ることが目の前の相手への思いやりであり、時間というギフトをお互いが共有している今、このときは、目の前にいる人を最優先にすることが社交マナーです。

最高のギフトである、相手の時間をもらったことへのリスペクトでもあると感じます。

時間は戻ってきませんし、返してとも言えません。

私は、「スマートフォンに負けた」と感じて、疎遠になった友人がいます。

スマートフォンは、大きなコミュニケーションツールですから、社交や人間関係のマナーを考えるうえで欠かせないものとなりました。

どう付き合い、どう関わるかを考えてみることは、現代の重要な社交マナーではないでしょうか。

POINT

一流のお客様に学んだ気づかいポイント

忙しい人ほど「今この時間」を大事にする

48
manners

SNS時代に必要な他者の気持ちへの配慮

「インスタ映え」という言葉があるくらい、料理の写真をSNSでアップすることが盛んです。あらゆる角度から写真を撮って、たくさんの「いいね」がもらえるようにとこだわるあまり、せっかくの料理が冷めてしまったという経験もあるのではないでしょうか。

昔は、料理を写真に撮られることを嫌がるお店もありましたが、今は絶好の宣伝の機会になるので、NGと言われることはほとんどありません。

けれど、マナーや品格という視点で見れば、料理をそっちのけに写真ばかりに夢中になることは、作り手への配慮が足りないということになります。

お店は、その料理が最も美味しく味わえるタイミングで出してくれていますから、もたもたと写真を撮っているうちに、どんどん時間が経ってしまうことを残念に思うでしょう。

プロの作り手なら、なおさら「早く味わってほしい」と感じているはずです。

大皿料理や何人かで取り分ける料理などは、すぐに食べたい人を待たせてしまうことになります。ホストとして会食をされる機会が多いお客様は、作り手とのコミュニケーションも会食の場では大事だとおっしゃいました。

その場にいる人が不快にならず、気持ちよくなるためのルールがマナーですから、「お写真を撮らせていただいてもよろしいですか？」とひと言断ってから、すぐに終わらせることが大切かもしれません。

また、友人や仲間との会食風景をＳＮＳにアップしたいときは、「写真をアップしていいですか？」と確認してから行うのは当たり前のマナーだと思いますが、ＳＮＳのマナーは、相手の立場に立って細心の注意を払わないと、傷つけたり、迷惑をかけたりすることもあります。

自分軸で考えることより、相手軸に寄り添うことが求められます。

私は、読者の皆さまと開催するランチ会の写真は、ＳＮＳでは公表しないと決めています。なんとなく商売に使うことになる気がしてしまうからです。

もちろん、次回、参加を検討されている方が、どんな雰囲気なのかを知るには、写真を一見したほうが参加しやすい場合もありますので、その場合は、了解を得たうえで、リクエストのあった方だけにお送りします。

SNSは、知らず知らずのうちにビジネスチャンスに利用されることもあり、誰と写っているかが、ステイタスやヒラエルキーを生んだりしますから、アップする人もされる人も目的を理解し、一歩進んだ思いやりや配慮が必要です。
オンライン時代のマナーは、自分も他者をも守るマナーが大事になると感じます。

POINT

一流のお客様に学んだ気づかいポイント

料理は作り手の気持ちにも思いをはせる

49
manners

サービスを受けるときに忘れないでいたいこと

「レストランなどでは、ごちそうさまは言わなくてもいい？」という話題を、ＳＮＳで見かけることがあります。あなたは、どう思いますか？

サービスや食事に対して対価を払っているのだから言わなくてもいいという考え方もありますが、相手の労力に対しての「ねぎらい」の言葉は、サービスをしたほうもされたほうも、同等にハッピーになれるのではないかと思います。

「ねぎらい」というと、目上から目下に対する言葉のようなニュアンスがありますが、ねぎらう気持ちは、「ありがとう」というお礼の言葉として伝えてはいかがでしょうか。

「ご馳走になったわけではない」と考えるなら、「いい時間が過ごせました。ありがとう」、「おいしかったです。厨房へお伝えください」でもよいかもしれません。

バスを降りるときに、「ありがとうございました」と大きな声で運転手さんに伝えている小学生に、「いってらっしゃい」と笑顔で答える運転手さんに出会うと、ほっこりした気持ちになります。

タクシーも対価を払って、目的地まで送り届けてもらったのだから、お礼はいらないかもしれませんが、「ありがとうございました」は、プロの運転に対しての敬意でもあります。

宅配便を受け取ったときにも「お世話様でした」。再配達してもらったときは、「お手数をおかけしました」と伝えます。

私もサービスをする側だったので、どんなに疲れていても「ありがとう」「いい買い物ができたわ」というお客様の言葉で報われましたし、働く原動力にもなりました。

「何だか疲れたな」「ツイてないな」と感じるときは、自分に余裕がなくなっているときかもしれませんから、そんなときほど、「ありがとうございます」「お疲れさまです」という感謝やねぎらいの言葉を自ら声に出すことで、気持ちも運気もポジティブに変わっていくような気がします。一日一善は難しくとも、言葉の「一日一ポジティブ」は、できる気がしませんか？

POINT

一流のお客様に学んだ気づかいポイント

サービスを受けたら温かいねぎらいの言葉をかける

50
manners

ユーモアが最大の気づかいになるとき

「泣かせる芝居より笑わせる芝居のほうが難しい」

そんな俳優さんの言葉を覚えています。日常のどんな場面でもユーモアのある人に憧れます。一緒にいると笑顔があふれるので、その場の空気が柔らかくなり、居心地もよくなって、皆、その人のことを好きになります。

特に緊張感のある場面で上手くユーモアで場を和ますことができる人

は、その場に合った空気を読む気づかいに長けていて、相手のことも自分のことも客観的に見られる第三の目を持っているように思います。

あるお客様は、緊張してミスをしてしまった新入社員には、「新人時代にはよくあることよね」と、入社したての頃の失敗した話をしてくださいました。

また、取り寄せたはずのSサイズのショートパンツが見つからないと焦る私に、「足が短いからレディースでもいいかもな。ちょっと、レディースも見てくるよ」と、焦る私に時間をくださっただけでなく、笑いにして和ませてくださいました。

私達のところまで、降りてきてくださるのです。

質のいいプライドをお持ちなので、自己開示に対しても抵抗感がありません。

ユーモアは人との距離を縮め、親しみやすさを感じさせてくれる最強のコミュニケーションスキルです。笑いは、「緊張と緩和」だとコメディアンの大御所の方もおっしゃっています。

子どもが躓《つまず》いて転んでも笑いは起こりませんが、格好つけた王様が躓いて転ぶと、くすっと笑いが起こると。セレブリティと言われるようなお客様は、自分が初対面の人に緊張感を与えてしまうことを知っているからこそ、わざと躓いたふりをするように、ユーモアで人の心をほぐす気遣いをなさいます。

「北風と太陽」という童話がありますが、ユーモアのある人は太陽のように他者をあたためます。その人の前では、初対面でも、上着を脱いでいくように心を開いていく感覚になるのです。

そんな人にはなかなかなれませんが、自分の心の中に北風が吹いているときや、他者に期待を持ちすぎてしまうときこそ、ユーモアという太陽の光を自分にも他者にも降り注ぐことができればと思っています。

POINT

一流のお客様に学んだ気づかいポイント

皆が幸せになるユーモアと笑顔がある

51
manners

相手の負担にならない気づかいの工夫

気づかいには2種類あって、相手の負担になる気づかいと、喜ばれる気づかいがあります。

「そこまでしてもらっては申し訳ない」と相手に感じさせてしまっては、その気づかいは残念ながら負担になってしまいます。

そんな「気づかい」で思い出すのが、友人の「昨晩のシチュー」の話です。

あるとき、友人が会社に忘れ物をしてしまい、仲のいい先輩が家まで届けてくれることになったそうです。すでに夕食の時間帯を過ぎていて、玄関先で受け取るだけでは申し訳ない、けれど、「夕飯を食べていってください」と言っても遠慮するだろうと思ったそうです。

そこで、友人は、先輩に「昨晩の残りのシチューなんですが、多く作りすぎてしまって、食べて行ってくれませんか?」と言ったのです。

本当は、今、作ったばかりのシチューでした。ひとり暮らしのその先輩は、「それなら」と、食べて帰ったという話です。

相手に見せない隠されたひと手間は、究極の気づかいであり、思いやりです。

販売員だったとき、素敵なお客様は、私達にいつも敬意を示してくださる気づかいをなさいました。外商の方とお宅へ伺ったときも、スーツ姿で出迎えてくれました。来客が多いお宅なので、急な訪問時にもきちんと対応できるようにしておくという気づかいです。服装は品格を保つものだけでなく、相手への敬意を表すものだと再認識したのです。

気づかいを欠かさないそのお客様のエピソードは、他にもあります。

店頭で、試着の際に着た洋服を裏返したまま、私達に返すことはありませんでした。

数多く試着してもいつも、きちんと表にして、軽く畳んだ状態で両手で渡してくれます。

それは、私達だけでなく、商品に対するマナーでもあったのです。

「お金を支払ったものは自分のものだから、どう扱ってもいいけれど、まだお金を支払っていないものは商品であり、会社の財産」だとおっしゃいました。

ですから、試着の際、商品を大切に扱うことはマナーだと。

また、そのお客様は、移動手段がタクシーでしたので、いつも500円玉を用意されていました。チップとして渡すためです。

目的地へ快適に運んでもらい、休日に気持ちよく買い物ができるのは、土日に働いてくれる人がいるからだと、おっしゃっていました。接客業の大変さを理解し、常に気づかっていただく言動に感激したのです。
気づかいの達人は、常に相手に対する感謝と敬意、かゆいところに手が届くような洞察力と、とてつもない包容力があるのです。

POINT

一流のお客様に学んだ気づかいポイント

相手への感謝と敬意を常に忘れない

持ち物をメンテナンスする
～時計のオーバーホール

何かを所有するということは、同時に、それを維持する費用がかかることだと、再認識したニュースがありました。

それは、オリンピック前、新しく国立競技場が建設される際、建設費だけでなく、メンテナンス費の膨大さに驚いたことです。

マンションを所有すれば、管理費や固定資産税、車を所有すれば車検代や自動車税など、維持することが大変だと感じます。何かを始めることはエネルギーがいりますが、始めたことを維持することは何倍もパワーがいるのです。

その金額、そのエネルギー量をかけても持ち続けたいのかと、買う時点で熟慮する必要があります。

バッグや靴、洋服、家具など、暮らしの中で、ありとあらゆるものはメンテナンスの必要があるので、必然的に「メンテナンス代を払ってでも持ちたいものだけ」を厳選して選ぶことになります。

先日、私は、愛用の時計をメンテナンスに出しました。いわゆるオーバーホールです。電池が切れたタイミングで、蓋を開けて中まできれいに掃除してもらいます。精密機械ですから、汗や汚れが溜まると不具合が生じます。

しかし、これが（ブランドによって値段は違いますが）数万円かかります。どんな時計を買おうかと相談されることもありますが、このオーバーホールの値段込みで考える必要があるとお伝えすると、「うーん、ちょっと考えます」とおっしゃる方も多いのです。決して安くはないメンテンンス費を何年に1回は、必ず払うことになるからです。

「時計は自分の人生の時間を刻むもの。だから美しいものを持ちたいの」というお客様の言葉に感銘を受け、生き方を象徴するような時計をパートナーにして人生の時を刻んでいきたいと思った私にとって、オーバーホールは人生の大切な行事のひとつです。

大事なパートナーをオーバーホールに出すたびに、人生の節目が訪れているような感覚になります。そして、実際にそうなっているから不思議です。運命の変わり目は数年ごとにやってくるので、そのサイクルとオーバーホールが同じになるのでしょう。ですから、オーバーホール期は、人生のメンテナンス時期。

内側だけでなく、ベゼルもベルトも輝きを取り戻し、美しく生まれ変わって戻ってくると、再び、新しい人生の時が刻まれていきます。

よく、家の中の電球が切れると、物事の変わり目だと言われますが、同じような感覚かもしれません。

お気に入りのもののメンテナンスをするタイミングは、自分の心や人生のメンテナンス時。

何度も節目を迎えたパートナーと一緒に、この先の1分1秒も大事に生きていきたいと思っています。

おわりに
思いやりの花束を抱ける余白を

最後まで本書をお読みくださり、ありがとうございます。

「大人になったから今だからこそ、マナーを学び直すことの大切さ」を少しでもお伝えできたらと思い、書き進めました。

あなたの心に届く言葉が、ひとつでもあれば幸せに思います。

年を重ねるたびに、いろんなことが億劫になったり、おざなりになったりと、何気なく行っている所作や受け答え、振る舞いがいい加減になっているのではないかと感じることがあります。

そのたびに、「もういいよね」と楽なほうへと腰を下ろしたくなったり、「いやいや、ダメだ」と、自分を奮い立たせて立ち上がったりと、この屈伸運動のような葛藤の繰り返しは、多かれ少なかれ、誰もが経験することではないでしょうか。

日々の暮らしの中で、基本的なマナーである、身だしなみや立ち居振る舞い、言葉遣いがいい加減になると、「常識がない人」「残念な人」という印象を与えてしまい、人間関係にも大きな影響があるだけでなく、自分自身の在り方にも自信が持てなくなっていきます。

私は、「小さくても質の高い暮らし」「身の丈サイズの豊かさ」をコンセプトにミニマムリッチ® コンサルタントとして活動していますが、小さく暮らすことや、ありのままの自分でいることは、決して、「もういいや」「今さら」と、成長するチャンスを投げ出してしまうことではなく、「私なんて」「仕方ないよね」と、背中を丸めて縮こまることでもないのです。

余計なものは潔く削ぎ落とし、本当に大切なものだけを選んできた大人の芯のある生き様に、最上のドレスは似合います。そして、どんなときも、その手に思いやりの花束を抱ける余白を感じさせるからこそ、素敵なのです。

いくつになっても、凛とドレスを着こなし、思いやりの花束をこれから出会う心優しい人たちに渡せるよう、自分に水と光を与え、生きる喜びを感じ続ける人生でありたいと願っています。

あきらめない、でも、前のめりでもない。そして、自分を過大評価はしない、けれど必要以上に自分を貶めない。そんな素敵な大人の芯となるのは、品性を感じるマナーではないでしょうか。

みっともない大人にならないためにも、もう一度、恥をかかない作法やしぐさ、言葉遣いを自ら鏡に映して、磨いて、綺麗に年を重ねていきませんか。いくつになっても、愛される人でいるために。

最後になりましたが、前作『美しく生きる人は毎日生まれ変わる』でご一緒させていただいた大和書房の油利さま、今回もお声掛けいただき、ありがとうございました。

そして、素敵なイラストを描いていただいた篠塚朋子さま始め、サポートいただきました皆さまに感謝を申し上げます。

お陰様で、本書はデビューから10冊目。記念となる一冊になりました。

これからも、多くの皆さまへ届く言葉が持てるよう、日々の小さなことを大切にしながら暮らしてまいりたいと思います。

本書を含め、これまでの9冊の拙著をお手に取っていただいたすべての皆さまに、心より感謝を申し上げます。本当にありがとうございます。

最上のドレスをまとう人生を、これからも共に歩けますように。

2022年12月　横田真由子

本作品は当文庫のための書き下ろしです。

横田真由子（よこた・まゆこ）
ミニマムリッチ®コンサルタント、オフィスファーレ代表。
株式会社ケリングジャパン（旧GUCCI JAPAN）の販売スタッフとして、著名人やVIP顧客の接客に従事する。VIP顧客の物選びに女性としての優雅な生き方を学び、独自の「大人エレガンス」を実践する契機となる。2004年、英語の「DO」と同義語のイタリア語「fare」を屋号に、「オフィスファーレ」を設立。ものをただ使い捨てるのではなく、選んだものを大切に手入れしながら愛し抜く姿勢に真の豊かさを感じ、「上質なものを少しだけ持つ人生」＝「ミニマムリッチ®ライフ」を提唱し、セミナー、講演、執筆活動を行う。
著書に『本当に必要なものはすべて「小さなバッグ」が教えてくれる』『本当に必要なことはすべて「ひとりの時間」が教えてくれる』（クロスメディア・パブリッシング）、『品格のある女性はスカート丈が美しい』（大和出版）などがある。
オフィシャルサイト
https://minimum-rich.com/

だいわ文庫

一流《いちりゅう》のお客様《きゃくさま》に学《まな》んだ気《き》づかい
大人女子《おとなじょし》の小《ちい》さなマナー帖《ちょう》

著者　横田《よこた》真《ま》由《ゆ》子《こ》

二〇二三年一月一五日第一刷発行
二〇二四年一二月一〇日第五刷発行

発行者　佐藤　靖
発行所　大和《だいわ》書房
東京都文京区関口一－三三－四　〒一一二－〇〇一四
電話　〇三－三二〇三－四五一一

フォーマットデザイン　鈴木成一デザイン室
本文デザイン　大橋千恵（Yoshi-des）
本文イラスト　篠塚朋子
本文印刷　光邦
カバー印刷　山一印刷
製本　小泉製本

ISBN978-4-479-32044-9
乱丁本・落丁本はお取り替えいたします。
https://www.daiwashobo.co.jp